*Le Flâneur
de Londres*

Michel Déon
de l'Académie française

Le Flâneur de Londres

Robert Laffont

© Editions Robert Laffont, 1995

For S., the blue girl, in memory.

Lors d'un bref séjour en Angleterre, en 1817, Stendhal écrivait dans son *Journal* : « Ce qui nous a fait le plus plaisir à Londres, c'est de flâner dans les rues. » Ai-je jamais fait autre chose depuis des décennies, avant la guerre puis après jusqu'aujourd'hui ?

Me revient toujours le souvenir des anciens dimanches : rues désertes, boutiques closes, cinémas et théâtres affichant relâche, stades fermés après les matchs houleux du samedi. Le respect du repos dominical vidait la ville de son contenu. Elle appartenait au marcheur solitaire que ses jeunes amies abandonnaient ces après-midi-là pour rester à la maison où elles servaient le thé et d'affreux gâteaux au pasteur en visite. Je flânais dans cette mégalopole déroutante où présent et passé sont si inextricablement mêlés que l'on a parfois peine à savoir à quelle époque on se trouve. Les dynasties Tudor et Hanovre ont chacune laissé sa marque dans les pierres, les mœurs, les monuments et jusque dans les costumes. En semaine, en revanche, la rue est merveilleusement animée, riche en originaux comme en stéréotypes. Que le ciel s'éclaircisse un moment et Londres sort de sa grisaille monotone pour apparaître dans sa diversité, ses couleurs chatoyantes et son cosmopolitisme. J'y ai rencontré l'Angleterre traditionnelle et aussi le reste du monde qu'après l'avoir conquis, elle a laissé l'envahir et la pénétrer.

Dans ce reflux, les races des cinq continents se croisent, se lient ou se détestent. Londres est comme un immense marché exotique. Des barrières tombent, d'autres s'érigent. La morgue est toujours là, mais moins agressive à l'égard de l'étranger. Ce n'est le plus souvent qu'une attitude défensive devant une géopolitique nouvelle à laquelle le caractère anglais traditionnel demande à réfléchir avant de s'intégrer à une Europe que la Couronne a toujours tenté de déséquilibrer en jouant une nation contre l'autre. Ces temps subtils et quelque peu machiavéliques ne sont plus. De grands marchés financiers ont échappé à Londres pour s'établir à New

J'y ai rencontré l'Angleterre et aussi le reste du monde...

York, Tokyo, Singapour, mais ces places font encore figure de parvenues quand on les compare à la solennité de la Cité.

Le meilleur de cette capitale orgueilleuse est peut-être désormais dans ce qu'elle a longtemps considéré comme sa frivolité : son théâtre, son opéra, ses films, d'incomparables comédiens, ses comédies musicales, ses expositions, ses poètes, ses écrivains, enfin un art de vivre qui s'est humanisé, dégelé. Comme Stendhal, j'ai longtemps flâné dans cette ville, Français, curieux de tout, scrutant les visages, à la recherche de souvenirs délicieux, d'un passé évanoui comme d'un avenir incertain, si tant est que la difficile conjoncture européenne le laisse deviner.

Londres est-il encore dans Londres ? Oui pour certains, non pour d'autres, qui, comme moi, gardent le souvenir d'une ville enfermée dans ses traditions, jalouse de sa personnalité. Mais, en cette fin du XXe siècle, les murs tombent, les rites se perdent, les races se mêlent. L'achèvement du tunnel sous la Manche est une sérieuse brèche dans une forteresse que ma génération croyait inexpugnable. L'adhésion à la Commu-

Le Flâneur de Londres

nauté économique européenne a, par ailleurs, assoupli le contrôle des frontières et les ressortissants des Etats membres ne sont plus obligés de décliner leur religion, le prénom du père et le but, innocent ou non, de leur voyage. Des moyens perfectionnés ont cependant été prévus pour noyer le tunnel au cas d'un conflit avec l'Europe, c'est-à-dire surtout avec la France et l'Allemagne ! Le souvenir de Napoléon et d'Hitler ne s'est pas estompé. Ils échouèrent. Ce n'est pas assez pour baisser définitivement sa garde.

Certes, et quoi qu'il arrive, nous sommes assurés que des îlots résisteront encore longtemps aux architectes de l'acier et du béton dans cette ville si longtemps vouée à la brique et à la pierre de taille. Le prince héritier lui-même a pris la tête d'un mouvement qui veut sauver la façade du Londres historique. Sacrifiant aux idées nouvelles, le gouvernement de Sa Majesté s'est adjoint un ministère de l'Héritage qu'un de ses premiers occupants a dû quitter précipitamment : la morale britannique, agitée paradoxalement par la presse à scandale la plus putassière du monde, s'indignait qu'il revêtit un maillot de footballeur pour faire l'amour à sa maîtresse. Mais plus que sur un ministre excentrique, il faut compter, pour retarder la dilapidation du patrimoine national, sur la force d'inertie des propriétaires dont plusieurs, comme le duc de Westminster, possèdent encore des quartiers entiers, bien qu'une législation récente tende à les dépouiller de leurs privilèges pour céder la place à l'avidité des promoteurs immobiliers.

Nous ne sommes, cependant, pas près de voir disparaître le caractère de Chelsea, Kensington, Belgravia, Soho, Westminster, où des Londoniens irréductibles continuent de vivre, étrangers au reste du monde, indifférents au temps qui passe, comme si rien n'avait changé depuis la guerre ou même depuis Samuel Butler, Samuel Pepys, Daniel Defoe, Samuel Johnson, Dickens et Conan Doyle. En revanche, le Londres des affaires et du commerce, des grandes banques, des organisations internationales comme la Banque pour le développement et la reconstruction européens est appelé à une modification profonde. La construction du géant Canary Wharf semble pourtant prématurée. On ne déplace pas sans danger le centre des affaires,

... où des Londoniens irréductibles continuent de vivre, étrangers au reste du monde, indifférents au temps qui passe, comme si rien n'avait changé depuis la guerre...

même si c'est dans l'intention louable d'offrir aux sociétés des bureaux et des moyens de communication ultramodernes. Le Londres du plaisir me semble plus difficile encore à disperser ou à rénover bien que le carcan, trop longtemps maintenu, arrive à saturation. Piccadilly ne sera pas épargné dans les grands projets. Ce qui fut le cœur de Londres – un cœur piqué d'un Eros bondissant et dernièrement redoré – et n'est plus en ce moment qu'une réplique assez vomitive du Time Square de New York, Piccadilly Circus cessera d'être un *circus* et menace de devenir, dans les plans de l'architecte William Holford, un rectangle entouré d'immeubles de quinze étages. La physionomie des grandes et des petites artères qui y débouchent – Piccadilly, Regent Street, Glasshouse Street, Sherwood Street, Great Windmill Street, Shaftesbury Avenue, Coventry Street et Haymarket – risque d'en être radicalement modifiée.

Continuellement paraissent des livres qui envisagent le Londres de l'an 2000. Le traité de l'urbaniste Peter Hael porte même une main sacrilège sur la Cité que, dans son orgueilleuse hâte d'effacer les ruines de la guerre, le London

Le Flâneur de Londres

County Council (L.C.C.) a laissé reconstruire encore plus massive, plus imposante, plus impropre aux exigences de la vie moderne. La dissolution du L.C.C. par le Premier ministre, la future *baroness* Thatcher, qui ne tolérait pas une municipalité travailliste hostile (avec peu de nuances) à sa politique générale, a laissé la ville sans autorités connaissant le terrain et les aspirations des Londoniens. Abandonnera-t-on le projet – un projet en sommeil, il faut dire – de créer des superautoroutes qui traverseraient Londres et, branchées sur les grandes artères, aspireraient ou défouleraient l'intense circulation qui paralyse tout aux heures de pointe ? Seule la réalisation de ces vues d'avenir semble susceptible d'enrayer l'exode qui, depuis les années 50, vide la capitale de ses meilleurs éléments attirés par une existence plus calme à l'ouest si bien desservi par l'autoroute M 4.

Je ne récrimine pas. C'est le vœu des Londoniens, et cette ville modèle leurs existences et leurs états d'âme. Il ne se passe guère de jours sans que les quotidiens publient des sondages de l'opinion publique : cinquante pour cent considèrent que la vie à Londres est pire que ja-

Michel Déon

mais, vingt pour cent qu'elle s'est améliorée. La circulation fait quarante-deux pour cent de mécontents, les vapeurs d'essence et de gazole suffoquent trente et un pour cent des piétons, et trente et un pour cent de ceux qui utilisent les transports en commun estiment qu'ils n'ont pas été améliorés depuis un siècle. Toutefois, et bien que les voyageurs soient nombreux et forment, aux heures de pointe, de longues queues d'attente aux arrêts, une grande courtoisie règne. Un décret datant de 1942 a fixé les modalités et les priorités des files de passagers. De bonnes habitudes étant entrées dans les mœurs, les London Transport Officials ont obtenu l'abolition de ce règlement devenu, paraît-il, inutile. Depuis le 1er janvier 1995, les Londoniens sont autorisés à jouer des coudes, à étouffer les vieillards et à piétiner les enfants pour monter dans les célèbres bus rouges à impériale !

Il faut cependant noter que l'on se plaint désormais plus du bruit des avions à réaction que des fumées d'usines et de cheminées. Une lutte vigoureuse de la Société pour la suppression des fumées a considérablement assaini l'atmosphère. Le manteau de suie qui recouvrait Londres n'a

Le Flâneur de Londres

peut-être pas disparu complètement, surtout dans les quartiers excentriques, mais on ne respire plus la même poussière de charbon pour la bonne raison que la Grande-Bretagne et, surtout, le pays de Galles ferment une à une leurs mines depuis la découverte des nappes de pétrole sous la mer du Nord. Le *smog* a disparu, cette purée de pois qui asphyxiait les Londoniens aussi sûrement que des vapeurs volcaniques quand le plafond des nuages trop bas et l'absence de vent accumulaient sur la ville le rebut de sa ceinture industrielle. Reste le *fog* ou brouillard (« *Un soir de demi-brume à Londres...* » chantait Apollinaire) inhérent à toutes les villes bâties au bord de l'eau, dans une plaine. Ces soirs-là, bloqué dans une chambre d'hôtel dont je n'ose même pas entrouvrir la fenêtre à guillotine, je relis Dickens, *La Maison d'Apre-Vent* : « La fumée tombe des cheminées en un crachin noir et mou contenant des flocons de suie grands comme des flocons de neige adultes... portant le deuil du soleil. »

Il est inutile de visiter Londres en hiver sans un roman de Dickens dans son bagage : « ... Des gens qui se trouvent par hasard sur les ponts du fleuve plongent un regard furtif par-dessus le parapet dans un ciel inférieur de brouillard, eux-mêmes environnés de brouillard, comme s'ils étaient montés en ballon et se trouvaient immobilisés dans les nuées brumeuses. » Ou dans Logan Pearsall Smith, admiré par Larbaud : « Londres prenait l'aspect d'une ville souterraine ; son ciel bas semblait un toit de cave, et la lumière fumeuse de ses jours rappelle celle que des livres prêtent à des contrées enfouies loin sous la terre. »

Je lis avec plaisir un ouvrage récent (1994) du sociologue Roy Peter où il assure que, malgré les améliorations évidentes des conditions de vie, l'abondance revenue, la qualité recherchée de l'existence, soixante-cinq pour cent des Londoniens aspirent à quitter la capitale.

Morne plaine... pourrait-on dire aussi du site de Londres, une des très rares capitales à ne pas épouser des collines. Paris, Athènes, Rome, Lisbonne ont été bâtis sur des terrains plus ou moins accidentés, alors que Londres en est réduit à appeler collines *(hills)* Saint Paul, Leadenhall ou Tower Hill. Longtemps, Nelson sur sa colonne de Trafalgar Square a pu, à peu de chose près, dominer la capitale et narguer les

Longtemps, Nelson sur sa colonne de Trafalgar Square a pu, à peu de chose près, dominer la capitale...

Michel Déon

Français à qui cette ville ne cesse de rappeler qu'ils ont été battus sur terre et sur mer par les Anglais. Signe des temps : Nelson a été supplanté par la tour des British Telecom (deux cents mètres), une hideuse orchidée métallique dont le sommet est couronné par un restaurant tournant sur son axe et découvrant successivement aux dîneurs immobiles un horizon qui s'étend jusqu'aux North Downs, au château de Windsor et aux collines de Chiltern. L'usage qui voulait que l'on ne construisît pas d'immeubles plus hauts que le palais royal n'a pas survécu à la guerre : à cent mètres de Buckingham s'est élevé le gratte-ciel de Portland House, trente étages de béton d'où l'on assiste aux garden-parties de la reine comme si l'on y était invité. Le front de Park Lane n'est que *nouveaux buildings* et, sur Oxford Street, les grands magasins étriqués et austères ont laissé place à des bâtiments modernes et lumineux où tout est accessible sans efforts.

Autre révolution — et qui me frappe surtout quand je me souviens du Londres d'avant-guerre —, c'est l'abandon délibéré d'une hautaine retenue. Non seulement la publicité envahit les rues des plaisirs et des commerçants,

Le Flâneur de Londres

mais les boutiques les plus huppées cèdent à la tentation d'attirer le client par tous les moyens. Là où un tailleur, un bottier, un chapelier célèbres dans le monde entier se contentaient de placer leur carte de visite dans une vitrine vide, les étalagistes sont maintenant des rois. On exhibe, on aguiche, on joue de tout ce qui a le pouvoir de retenir l'attention, jusques et y compris dans Regent Street où des mannequins, en cire quand même, mais éclairés de telle façon sur un lit qu'on jurerait de véritables jolies filles nues mollement étendues dans la dentelle et le satin, attendant le client comme dans les maisons de passe d'Amsterdam ou Hambourg.

Les étapes de la libération sexuelle n'ont pas été franchies moins rapidement, et les affiches de cinéma – peu importe le film – offrent au passant une débauche inimaginable de cuisses, de seins, de fesses, de hanches. Dans Oxford Street j'ai admiré un couple trois fois grandeur nature occupé à se perpétuer. Leicester Square, Piccadilly, Shaftesbury Avenue et Wardour Street sont une interminable exposition de nus délirants. Dans cette ville d'apparence si puritaine, totalement morte les dimanches d'avant-guerre, les barrières ont tout d'un coup sauté. Plus de cent clubs de strip-tease ont ouvert leurs portes, affichant dans la rue les meilleures photos de leurs spectacles. Si l'on compte bien, cela devrait faire un millier de filles se déshabillant et se rhabillant cinq à six fois de neuf heures du soir à cinq heures du matin. En réalité, elles sont beaucoup moins nombreuses et passent d'un club à un autre dans la même soirée, profitant de longs entractes pendant lesquels les spectateurs sont invités à boire et à se laisser arnaquer. Ne parlons que pour mémoire des établissements de massage thaïs, japonais ou indiens. Ce sont de discrètes boutiques à la vitrine tendue d'un rideau blanc. On y goûte l'amour à la paresseuse. Se méfier si l'on est une personnalité. Des photographes clandestins guettent la sortie de ces établissements. Un présentateur connu à la télévision l'a payé d'un renvoi de la B.B.C. Dans Soho continuent d'officier, avec plaques sur la porte et numéro du studio, des « professeurs de français très sévères ». Je me suis légèrement servi de cela dans un roman où un très jeune homme encore vert découvrait le vice et la poésie.

Le Flâneur de Londres

La « libération » a gagné la rue. Le Londres empesé, arrogant, plein de soi-même, donneur de leçons, où pas un gentleman n'osait descendre acheter une boîte d'allumettes sans prendre son chapeau et son parapluie, ce Londres qui est presque une caricature pour journaux satiriques, existe toujours, mais le gentleman croise sur le même trottoir – et d'ailleurs sans y prêter la moindre attention – les nouvelles modes lancées par Mary Quant, Biba, et, tous les ans, par de nouveaux couturiers venus de l'exotisme le plus snob : premières minijupes, manteaux de postillon traînant jusqu'à terre, coiffures asymétriques de Vidal Sassoon, crinières de lion, têtes de loup vertes ou rouges, ou simplement crâne rasé, passé au papier de verre, d'un ravissant mannequin habillé par de grands couturiers comme John Rocha, Ghost, Ozbek ou Galliano. Bien sûr, cela se rencontre presque partout en Europe, mais le mouvement est parti de Londres qui a lancé les déguisements semi-militaires, les cow boys en rupture de prairies, les uniformes nazis des bars d'homosexuels, toute une panoplie pour protestataires qui se continue, assez lamentablement il faut le dire, avec l'apparition d'une classe sociale errante dont la venue dans les campagnes environnantes tourne vite au cataclysme écologique : le *new age*.

La Londonienne s'est déshabillée. Voilà quelques siècles qu'elle voulait montrer ses jambes, fort jolies en général d'ailleurs. Du temps de Stendhal, elle les cachait et se rattrapait en allant au spectacle les seins à l'air, comme les Merveilleuses du Directoire, exhibition qui ne l'enthousiasmait pas. Dans son *Journal*, il a noté brièvement après une soirée au théâtre : « Les tétons des filles honnêtes sont tremblotants comme la gelée. » Ailleurs, il dit : « Les Anglaises sont beaucoup plus grandes que nous. Elles ont les pieds plus grands, et moins en dehors, on voit qu'elles marchent pour marcher. » Voilà qui est un peu théorique et rejoint les appréciations extrêmement méprisantes de Balzac sur le caractère anglais en général et les Anglaises en particulier, et celles de Verlaine qui écrivait que les Londoniennes sont « toutes jolies avec une expression méchante et des voix d'ange ». Fort heureusement, Paul Morand est plus chaleureux en 1963 : « Jamais la rue de Londres n'a été aussi habitée de jolies filles ; remonter Regent

Le Flâneur de Londres

Street à la sortie des magasins est un ravisse-
ment ! Que je partage ! » Maintenant, la Londonienne dévoile un peu de tout. Le spectacle de
la foule en marche s'en est beaucoup animé,
sans que d'ailleurs certains interdits aient été
levés. On ne s'attarde pas à caresser du regard
ce qui s'offre, c'est mal élevé. Si un homme se
retourne après avoir croisé une jolie fille, soyez
assuré que c'est un étranger, probablement per-
vers et sans éducation. Car le vieux fond demeure qui a toujours rendu distante la relation
entre l'homme et la femme, et ce malgré mille
provocations féminines.

Dans ce véritable temple qu'est la Cité, il faut
voir à l'instant du court entracte qu'est le déjeuner – une demi-heure à peine – des milliers de
jeunes employées se répandre dans Cannon et
Queen Victoria Streets ou Cheapside, comme
une volée de moineaux. Par n'importe quel
temps, elles ne perdent pas de précieuses minutes à chercher leurs manteaux pour se ruer dans
les snack-bars ou les pubs. Cette foule multico-
lore et criarde, à peine vêtue – la vraie jeunesse
de Londres – se mêle en un instant à la foule en
costume bleu rayé et chapeau melon des ban-

Michel Déon

quiers, des commis du Stock Exchange et des compagnies d'assurances, offrant un saisissant contraste entre le nouveau Londres et l'ancien qui, pincé, entend perpétuer ses traditions contre vents et marées. Depuis peu également, ces mœurs changent : les hommes d'affaires ont découvert que des déjeuners pouvaient aussi servir à conclure ou entamer des marchés importants. On y est, en général, sobre. L'Anglais attend le coucher du soleil pour boire.

Un autre événement a également modifié le visage de Londres. La capitale avait toujours hébergé des colonies étrangères. Dans l'East End et à Greenwich, sur les bords de la Tamise, s'étaient constitués un quartier chinois et un quartier juif. Autour, gravitaient les Scandinaves, les Polonais et les Irlandais. Le quartier chinois de Limehouse est pratiquement effacé sur la carte. Quelques restaurants ont subsisté et l'on y rencontre encore des cabines téléphoniques en forme de pagodes, des Chinois de la vieille génération trottinant dans les rues, vestiges d'un passé où ils étaient pédicures, marchands d'épices, cuisiniers. Leurs enfants ont

Le Flâneur de Londres

gravi l'échelle sociale et sont maintenant méde-
cins, ingénieurs électroniciens, à la tête de nombreuses affaires. Comme le quartier chinois, le
quartier juif s'est aussi dispersé, souvent pour
les mêmes raisons, auxquelles il faut ajouter la
finance et la politique où ils sont nombreux,
membres du Parlement, de la Chambre des
lords, hauts fonctionnaires et ministres, souvent
anoblis par la monarchie, qu'ils servent avec la
grande loyauté du brillant Disraeli. En échange,
Londres connaît depuis une trentaine d'années
un afflux de Caribéens, d'Africains, d'Indiens,
de Philippins qui ont transformé la vie de certains quartiers où la police ne pénètre plus qu'en
encourant de graves dangers. L'arrestation du
moindre contrevenant provoque facilement une
émeute.

La première vision qui s'offre à un étranger
débarquant à Heathrow est celle d'un pays exotique. En dehors du personnel navigant et des hô-
tesses de l'air, tout le service de l'aéroport est
composé d'Indiens, de Pakistanais la plupart venus d'Afrique d'où les révolutions et le racisme
les ont chassés. Dans Londres même, les employés des transports en commun, autobus et

métro, sont en majorité noirs. Leur accent chantant déforme les arrêts aux noms illustres et leur gaieté, leur bonhomie, leur nonchalance sont fort agréables. Ils sont également nombreux dans les services de la Poste et des Télécom. Les Caribéens, éveillés, intelligents et adroits, ont vite appris des métiers. Encore une génération et ils auront adopté l'accent *cockney*.

L'Afrique déborde sur Londres. Descendons depuis Elephant and Castle par Old Kent Road, et nous rencontrerons quantité de petites églises africaines, offrant parfois le salut des âmes et en même temps des assurances bon marché pour voitures d'occasion. A Southwark, les Africains, plus nombreux que les Caribéens, ont installé leurs églises séparatistes parmi lesquelles domine le culte d'Olumba Olumba Obu qui se dit la réincarnation du Messie. Il n'est pas rare, les dimanches, de voir danser dans la rue des fidèles tout de blanc vêtus. Sur les stades, les Noirs font triompher les couleurs britanniques. Les grandes équipes de football et même de rugby ont, mais depuis peu, des joueurs noirs. La B.B.C. diffuse des feuilletons entièrement joués par des Noirs ou des Indiens. Dans le monde du

Le Flâneur de Londres

spectacle, ils sont danseurs, musiciens, comédiens. En fait, il n'y a pas de comédie musicale sans eux. Rogues et ségrégationnistes dans leurs colonies, les Anglais, ceux de Londres du moins, sont d'un total libéralisme chez eux. En 1997, Hong Kong doit revenir à la Chine. Une grande migration s'annonce dont Londres se prépare à recevoir l'afflux. Il y a bien quelques réactions menées par les *skinheads* et de sinistres avertissements d'hommes politiques comme Enoch Powell, mais dans l'ensemble Londres accepte cette mutation qui fera de la ville, au XXIe siècle, la plus grande métropole cosmopolite et multiraciale du monde.

Si l'on ne se place que du point de vue du pittoresque, la couleur des peaux foncées des immigrants ajoute une gamme à la polychromie de Londres. Tant de visages nouveaux, d'accents différents en ont fait un des carrefours de la planète. On y parle toutes les langues : l'italien, le grec, le français, le polonais, l'arabe, et même le *pidgin* ou anglais des ports dans le monde entier. A peu près un garçon de restaurant sur deux est d'origine italienne. La cuisine qui a été longtemps le partage des Français est désormais

représentée par plusieurs nationalités. D'abord,
les Anglais s'y sont mis sérieusement, profitant
des leçons du continent, et Verlaine ne dirait
plus de la soupe à la queue de bœuf *(ox tail)*
qu'elle est « l'horreur de la chaussette d'homme
où flotte un clitoris pourri ! ». On peut déjeuner
ou dîner dans un véritable arc-en-ciel gastrono-
mique. Dans tous les quartiers se sont ouverts
des restaurants libanais, indiens, chinois, thaïs,
grecs et surtout italiens, et même des McDo à
l'américaine. Comme à New York (et maintenant à Paris) on voit de plus en plus les Londoniens manger leur sandwich dans la rue en
marchant d'un pas pressé. Autre mode importée
des Etats-Unis et gagnant aussi la France : le
petit déjeuner d'affaires. Il se prend de très
bonne heure, vers sept heures, sept heures et
demie dans les grands hôtels, le Claridge ou le
Connaught, ou dans Soho à la pâtisserie Valé-
rie, au bar Italia (avec sur grand écran, un
relais de la télévision italienne et les dernières
informations de la Bourse de Milan), chez Mit-
chell et O'Brien, rendez-vous des gens du théâtre et du cinéma avant le tournage ou les
répétitions du matin.

Dans ce véritable temple qu'est la Cité, il faut voir à l'instant du court entracte qu'est le déjeuner – une demi-heure à peine...

Michel Déon

Les étrangers monopolisent les petits commerces. Les Grecs (quand ils ne sont pas armateurs) tiennent les magasins de primeurs et les friteries où l'on déguste debout le chiche-kebab, les keftédès aux aromates, les pizzas. Les Indiens et les Pakistanais sont souvent marchands d'épices ou de journaux, pharmaciens. Les Libanais (quand ils ne sont pas banquiers) et les Egyptiens ont ouvert les meilleures pâtisseries apportant leur imagination et leurs épices à un art où – le moins que j'ose dire – les Anglais n'ont jamais été des maîtres. Les Polonais travaillent dans le bâtiment comme d'ailleurs les Irlandais, moins nombreux cependant qu'à Liverpool, Birmingham ou Manchester.

Dans la Cité et le monde des affaires, on entend beaucoup parler anglais avec l'accent américain, suite aux gigantesques O.P.A. lancées par les Etats-Unis sur les grands complexes industriels. Point n'est besoin non plus d'une oreille exercée pour reconnaître dans ce milieu la présence envahissante des Japonais et des Arabes. Paul Morand appelait la venue des Américains « le *Mayflower* rebrousse chemin ». La solidarité politique et économique de la Grande-Bretagne

Le Flâneur de Londres

et des Etats-Unis, conséquence de leur alliance dans la Seconde Guerre mondiale, a déteint sur la Cité, le plus grand marché d'affaires du monde, qui s'est modernisée et étendue. En 1986, la Lloyd's, numéro un mondial de l'assurance, s'est relogée au centre de la Cité dans un immeuble futuriste, image d'une incontestable grandeur malheureusement obérée depuis quelque temps par des difficultés financières proprement catastrophiques, surtout pour les petits épargnants qui lui confiaient leurs économies. Pour désengorger la Cité, les bureaux se déplacent, encore que lentement, comme à regret, vers Canary Wharf (cinquante-deux étages), aux Docklands, que la ligne de métro Jubilee doit bientôt relier au centre de Londres. Non loin, la Bankside Power Station sur la Tamise doit être transformée en musée d'art moderne comme probablement le Baltic Flour-Mill sur la Tyne. Broadgate Centre, au nord de la Cité, est une réalisation heureuse. Des banques et des compagnies d'assurances se sont installées là dans un ensemble résolument construit pour recueillir un maximum d'ensoleillement. Dès les beaux jours, les marches d'un jardin suspendu accueillent, à

En 1986, la Lloyd's, numéro un mondial de l'assurance, s'est relogée au centre de la Cité dans un immeuble futuriste...

Le Flâneur de Londres

l'heure de la pause, les jeunes employés en bras
de chemise, les secrétaires qui bronzent leurs jolies jambes.

Avec des moyens considérables et leur goût de
l'ostentation, les Américains se sont offert, en
bordure de Grosvenor Square, au cœur de Mayfair, une gigantesque ambassade surmontée
d'une aigle dont on nous assure qu'elle a coûté
plus d'un million et demi de dollars à elle seule.
Le bâtiment, conçu par l'architecte américain
Eero Saarinen, est à la fois somptueux et au bord
du mauvais goût dans un quartier de maisons
nobles au style georgien. Dans le jardin de Grosvenor, on verra le mémorial Roosevelt dû au ci-
seau de sir William Reid Dick. Heureusement,
Berkeley Square a gardé ses platanes plantés en
1790, mais ce centre, longtemps le plus huppé
de Londres (la reine Elisabeth II y est née), voit
peu à peu s'élever à la place de ses maisons his-
toriques des immeubles entièrement destinés à
des bureaux. Les façades en marbre, les halls
ultramodernes, le caractère très fonctionnel ne
feront pas oublier le charme hautain et discret
du vieux Mayfair cher au cœur de Paul Morand
et, ajouterai-je, au mien.

Michel Déon

Ce qu'il y a d'admirable dans Londres, c'est sa façon d'assimiler tout ce qui vient de l'étranger sans perdre son authenticité. Le pain anglais — un amalgame cotonneux, trop blanc, trop hygiénique, jamais vraiment frais — cède de jour en jour place au pain français en baguette, croustillant, délicieusement cuit. Les fromages si fades — à l'exception du stilton — ont capitulé devant les fromages importés qu'on se dispute jusque dans les supermarchés. Enfin, le vin est devenu une boisson courante, même si, dans les pubs, il est encore loin de concurrencer la bière blonde et le stout. Tous les restaurants servent du vin. Des quantités de boutiques se sont créées qui offrent un échantillonnage hétéroclite allant du chianti populaire aux graves « espagnols », aux moselles « yougoslaves », en passant par le vin rouge français le plus ordinaire et des beaujolais assez acceptables. Le 1er novembre ces boutiques affichent en français et en anglais : « Le beaujolais nouveau est arrivé ! » Sur la qualité des bordeaux, il ne faudrait pas chatouiller les Anglais. Depuis des siècles, ils en sont les plus grands connaisseurs. De nombreux négoces du Bordelais leur appartiennent et le

Le Flâneur de Londres

club très sélect des Sainsbury est renommé pour ses choix des crus les plus exceptionnels, mais nous volons là dans les hautes sphères de la toujours riche aristocratie. Plus un Londonien n'invitera à dîner sans offrir du vin à table.

Il est vrai qu'on invite moins, autre modification due aux pressions économiques. Les domestiques ont disparu. Le merveilleux Jeeves, le majordome qui occupe une si grande place dans l'œuvre humoristique de P. G. Wodehouse, appartient au passé dont un film récent, interprété par Anthony Hopkins et Emma Thompson, *Les Vestiges du jour*, a donné une idée très exacte. Jeeves n'est plus là pour astiquer l'argenterie, repasser les journaux afin que l'encre ne déteigne pas sur les mains, cirer les bottes, préparer le smoking ou l'habit du soir, la chemise empesée, diriger la vie de son maître avec un tact et une discrétion célébrés dans toute la « bonne » littérature britannique. Des domestiques italiens, espagnols, portugais ou philippins lui ont succédé sans le remplacer, mais leurs salaires ajustés au niveau de vie économique anglais les réservent à une classe aisée. Ce changement, qui n'est pas propre à Londres, y a, en peu d'an-

Michel Déon

nées, profondément modifié la vie sociale, et in-
cité à vivre plus souvent à l'extérieur que chez
soi. Le soir, avant ou après le théâtre, les restaurants ne désemplissent pas, du moins ceux qui
ont compris le besoin de vivre la nuit, en plus
des horaires traditionnels si déroutants pour un
Français.

Londres a souvent l'air d'une ville que ses habitants n'aiment pas. A six heures du soir, et même avant, bureaux et magasins ferment. On ne fera pas grâce d'une minute au chaland attardé, et c'est la ruée des employés vers les autobus, le métro, les trains de banlieue, une fuite éperdue pour retrouver sa maison avec un bout de gazon à tondre, quelques rosiers à tailler. Il est commun d'avoir une heure de trajet, et même deux, pour se rendre au travail. Le Londonien est stoïque ou indifférent, malgré des prix de transport en commun plus élevés que dans le reste de l'Europe, un métro qui a grand besoin d'être modernisé, des trains lents, sales ou démodés, trop souvent en grève. Dans son journal que je relis sur place un morne matin, Valery Larbaud, qui aimait tant Londres que rien ne pouvait le dissuader d'y retourner, notait le 17 septembre 1919 :

Michel Déon

« Le premier jour de la grève des chemins de fer. Les journaux en font de grands éclats ; un journal de midi portait en manchette " *Strike protest staggering* ". Mais " *it did not stagger me !* " » [« Ça ne m'a pas embarrassé. »] Il adorait, comme Stendhal, flâner de par les rues.

La presse tient compagnie au Londonien. Il en achète quatre fois plus que les New-Yorkais ou les Parisiens, et il supporte sans irritation apparente la fatigue quotidienne des allées et venues. Pas un boutiquier ne songerait à habiter l'appartement au-dessus de son commerce pour économiser son temps, ses forces et de l'argent. Non, il lui faut sa maison particulière et un semblant de campagne. On tiendra pour exceptionnel que dans son roman *L'Agent secret* Joseph Conrad ait fait vivre son héros, Verloc, dans un deux-pièces minable au-dessus de sa boutique, qui n'est d'ailleurs que l'activité de façade de ce provocateur.

Le sentiment de la nature est un sentiment anglais qui n'a pas eu besoin du romantisme pour se découvrir. La poésie anglaise est rarement amoureuse, elle est marine (Coleridge) ou champêtre (Keats, Wordsworth), célébrant la modeste

42

Le Flâneur de Londres

jonquille et le crocus comme la rose ou la tulipe, emplie de la grâce ou de la nostalgie des saisons, de la beauté des arbres que les colonisateurs ont rapportés du monde entier. Au cœur de chaque Anglais, citadin ou campagnard, dort un jardinier. Les floralies de Chelsea attirent des visiteurs de tout le Royaume-Uni. Les passionnés en tube et jaquette se mêlent au public beaucoup moins chic. Les dames arborent d'étonnants chapeaux. On plie le buste pour respirer sans la toucher le parfum d'une rose thé. Dans les librairies de Londres, le rayon principal est occupé par une quantité incroyable de publications sur le jardinage et les soins à apporter aux plantes. Tout de suite après viennent les animaux. La littérature et l'histoire sont loin derrière.

Pour assouvir cette passion, il faut habiter hors des villes. Les grands immeubles à loyers modérés n'ont trouvé de locataires que par la force des choses. Pourtant Londres est la capitale qui possède les plus vastes parcs d'Europe et peut-être bien les plus beaux, sans compter les squares et les jardinets des ravissantes maisons individuelles de Chelsea et de Kensington. On se promènera indéfiniment dans Hyde Park —

Le troisième âge – et même le quatrième ! – fournit la majorité des auditeurs : vieilles dames à la chevelure bouclée par une permanente, retraités couperosés...

Le Flâneur de Londres

véritable poumon de Londres où se rencontraient en secret les duellistes jusqu'à la moitié du XIXe siècle –, Regent's Park, Saint James's Park, les jardins de Kensington que Larbaud voyait de la fenêtre de son meublé. Vastes espaces d'air pur dans une ville à l'atmosphère particulièrement viciée, ils attirent la foule dès la moindre apparition du soleil. Dans *Trivia*, Logan Pearsall Smith s'épanouit dès que le beau temps est là : « L'arrivée du printemps à Londres fut pour moi pareille à la descente de la vierge déesse aux royaumes de la Mort, où des fleurs roses d'amandier voltigeaient autour d'elle dans les ténèbres, et où sa venue suscitait parmi le peuple des ombres un frémissement et un désir confus de prés verts et de la vie des bergers. Jamais il n'y eut rien de plus frais et de plus original dans les bois ou les vergers que la clarté du feuillage de mai qui nimbait de vert tendre tous les arbres enfumés de Londres. »

Conçus à l'anglaise, c'est-à-dire en laissant au paysage sa liberté d'expression et son désordre romantique, les parcs permettent d'oublier les obsessions de la ville, le grondement des voitures. Hyde Park est le plus fréquenté. Une rivière le traverse, la Serpentine, où passent des cygnes d'une superbe indifférence depuis que la monarchie les a mis sous sa protection. En plein hiver, de courageux baigneurs y nagent aux heures creuses au grand dam des pêcheurs assis sur leur pliant, les pieds bottés dans l'eau. Le matin dans les allées sablées, on croise des cavaliers au trot, des *joggers* qui viennent respirer un bol d'air pur avant de s'enfermer dans leurs bureaux, nombre de propriétaires de chiens dont c'est la seule récréation de la journée. En été, la police s'efforce de limiter les attendrissements des couples vautrés dans l'herbe sans y parvenir toujours, tant il y aurait à faire.

Regent's Park est célèbre pour ses parterres de tulipes et son théâtre de plein air. Saint James's Park fut le seul à emprunter son dessin à l'architecte paysagiste Le Nôtre, mais, au XIXe siècle, Nash le transforma et, malgré une perspective plus sévère que les autres, c'est encore un parc typiquement anglais, oasis pour les grèbes, les mouettes de sabine, les bernaches nonnettes, les colverts et les pigeons grassement nourris par les promeneurs. Les Londoniens, comme tous les Britanniques si durs pour leurs

Le Flâneur de Londres

colonisés, Irlandais, Kenyans, Indiens, fondent d'attendrissement devant le moindre animal. Le dimanche après-midi, des orchestres militaires donnent un concert sous un kiosque entouré de chaises souvent vides. Des soldats écossais en kilt dansent une gigue. Ce sont, en général, de forts gaillards qu'un étranger regarde toujours avec étonnement tournoyer, jupes en l'air. Le troisième âge – et même le quatrième ! – fournit la majorité des auditeurs : vieilles dames à la chevelure bouclée par une permanente, retraités couperosés. Depuis un siècle, le morceau le plus goûté est *Le Siffleur et Son Chien*. Dès les premières mesures, les visages s'épanouissent.

Qu'une ville aussi disparate, aussi composite, aussi pleine de contradictions, ait une unité, voilà qui surprend. Pourtant cette unité existe, et elle n'est pas seulement due aux couleurs rougeâtres de la brique, aux péristyles georgiens, à la profusion de néogothique, ni même au rococo chamarré alberto-victorien. Ce n'est pas non plus la Tamise, comme l'est pour Paris la Seine ou pour Lisbonne le Tage. Londres vit à peine au bord de son fleuve, sauf sur le quai de Chelsea, entre le pont du Prince-Albert et le pont de Chelsea. La Tamise, c'est déjà la mer. Les mouettes et les goélands, les canards migrateurs arrivent jusqu'au cœur de la ville. Les marées couvrent et découvrent un fond vaseux sur lequel les péniches en stationnement s'échouent deux fois par jour tandis qu'on les charge ou les décharge. Les forts tonnages ne remontent pas le fleuve au-delà de

Le Flâneur de Londres

Tower Bridge, toujours défendu par d'antiques canons en souvenir du temps où Vikings et Normands suivaient la Tamise pour piller Londres, port de mer qu'une instinctive méfiance a longtemps retenu de s'étendre sur les deux rives.

La rive sud, qui s'est singulièrement développée depuis quelques années et se toilette à son tour, a été très injustement méprisée. « On n'habitait pas » Lambeth, Southwark, Bermondsey, la zone des docks, des manufactures, des quartiers ouvriers. En 1948, Paul Morand lisait dans le *Times* : « C'est plus qu'une impossibilité matérielle d'atteindre la Tamise par la rive sud, il y a là une sorte de barrière morale... sauf quand il s'agit d'aller à l'*Old Vic* voir jouer du Shakespeare. » La construction de nouveaux quais, les rénovations de quartiers détruits par les bombes allemandes ont rendu ces rives beaucoup plus attirantes. Il y a encore de beaux parcs (Kennington, Harmsworth, Archbishop) mais rares sont les maisons avec des jardins, auxquels l'implantation industrielle réussit mal. Il est vraiment surprenant, après avoir suivi Chelsea Ridge Road, traversé le quartier le plus exquis de la rive nord et le mieux restauré après les

On s'arrête au bord d'un monde nouveau derrière
le *no man's land* des docks décrépits...
Le vrai Londres est encore au nord de la Tamise...

Le Flâneur de Londres

bombardements, de se trouver soudain sur un quai de la Tamise et d'apercevoir les quatre cheminées ventrues de la Battersea Power-Station qui, il y a peu encore, crachait une épaisse fumée torsadée dans l'air calme. Fermée récemment, la centrale se délite sous l'action du vent et de la pluie. Un arbre inattendu pousse depuis quelque temps sur une cheminée morte. On s'arrête au bord d'un monde nouveau derrière le *no man's land* des docks décrépits... Le vrai Londres est encore au nord de la Tamise et tire son unité d'autre chose que de la vie d'un fleuve frontière.

Le secret est que Londres est une ville royale, une des plus anciennes et peut-être la dernière du monde moderne. Cela peut paraître exagéré si l'on considère le rôle, l'influence et la personnalité des derniers monarques qui y ont vécu, mais une tradition plus puissante que leur faible caractère se perpétue. Les souverains britanniques ont symbolisé l'unité de l'Empire, l'alliance politique (sinon sentimentale) entre l'Angleterre, le pays de Galles et l'Ecosse. Edouard VII, George V, George VI et la reine Elisabeth II ont montré des vertus morales auxquelles il n'y a rien à redire. La succession est

Michel Déon

plus problématique. Il faut remonter à la reine Victoria et au prince Albert pour trouver des souverains qui aient donné un ton et un style, même si ce style est affreux et a semé Londres d'horreurs que, le temps aidant, on finit par considérer avec un rien d'attendrissement. Pourtant, même si les derniers souverains n'ont en rien influencé l'esthétique de Londres, leur présence est sensible. Ils maintiennent haut leur devise en français : « Dieu et mon droit », et l'ordre de la Jarretière est décerné avec, toujours en français, les mots : « Honni soit qui mal y pense ».

Certes la disparition de l'Empire, la distance de plus en plus grande prise par les dominions à l'égard de Londres, ont considérablement diminué le prestige de la reine Elisabeth II qui n'est plus Impératrice des Indes. Cependant son sacre a été l'un des plus spectaculaires de la dynastie. Le même cérémonial entoure ses déplacements officiels. On la croise se rendant au Parlement en carrosse et chez le lord-maire de Londres où, à la fin du déjeuner, elle lit un discours plus moral que politique rédigé par l'un des ses conseillers. Longtemps on n'y a glané que des banalités bienpensantes, jusqu'au jour récent où elle a osé une

Le Flâneur de Londres

allusion aux scandales dont les princes Charles et Andrew, la princesse Anne sont les héros. L'aveu de ses chagrins est passé dans deux mots latins : « *Annus horribilis* » qui ont connu aussitôt un succès médiatique. Elle ouvre également la première session du Parlement en prononçant un discours que le Premier ministre a eu soin de lui écrire auparavant. Après une élection, elle reçoit le nouveau Premier ministre ou l'ancien, qu'elle confirme dans son poste. La veille du premier janvier, elle adresse ses vœux au peuple britannique. L'allocution télévisée est soigneusement préparée et préalablement confiée sous le sceau du secret à la presse. Un quotidien à scandale ayant enfreint la règle et donné à ses lecteurs des extraits du discours a été sévèrement blâmé par ses confrères.

On dirait que les Anglais se sont hâtés de décapiter un roi (Charles Ier en 1649) afin de maintenir une fois pour toutes les monarques à leur place. Le pli a été pris. Le Royaume-Uni de Grande-Bretagne est une démocratie dont le chef spirituel, à la tête de l'Eglise d'Angleterre, est surtout appelé à montrer des vertus d'humanité et à maintenir le bon ton dans les luttes entre les deux partis dominants de la vie politique, les *tories* et les *whigs* qui préfèrent désormais être appelés conservateurs et travaillistes. Sa Majesté n'est même pas un arbitre, Elle est un maître de cérémonie auquel on rend les hommages dus à un dieu vivant.

Ironie du sort, c'est dans le palais d'un de ses ducs, plus munificent qu'elle, que la monarchie s'est installée depuis 1761, abandonnant le palais de Saint James. Buckingham, modifié par Nash au début du XIXe siècle, a toute la grandeur requise pour une demeure royale. Le soin avec lequel il est entretenu lui donne un air un peu trop neuf, mais l'allure est certaine et fait souvent penser au Palais-Royal de Madrid. Sa garde, logée à Whitehall, descend chaque matin le Mall jusqu'au palais. Une section est précédée de la clique et les deux autres de la musique. Les grands bonnets à poil qui couvrent les sourcils des gardes, les uniformes rouge et bleu, les buffleteries astiquées, le tambour-major et le chef de musique, la mascotte du régiment répètent pour un public jamais las, collé aux grilles du palais ou juché sur le hideux monument à la reine Victoria qui dépare le site, une

... les vétérans des guerres du siècle, de vieux soldats à la retraite, criblés de cicatrices, bardés de médailles...

cérémonie dont le mécanisme et la perfection sont immuables depuis deux siècles.

Le souverain (ou la souveraine) est colonel de droit de ce régiment célèbre qui passe pour avoir tenu un rôle décisif lors de la bataille de Waterloo. Une fois par an, la reine, montant en amazone et habillée d'un dolman rouge et d'une longue jupe noire, passe en revue sa garde qui vient de défiler sur le Mall. Il y a peu, alors qu'elle allait au pas, un homme, depuis les barrières contenant la foule, a tiré un coup de pistolet à blanc sur elle. Le cheval a fait un écart sans la désarçonner ni lui ôter une once de sa dignité. Interrogé par la police sur ses motifs, l'homme a déclaré : « C'est pour qu'on se souvienne de moi ! » La relève s'accompagne d'un bref concert tandis que sur le Mall se promènent, pour un exercice quotidien, les calèches royales attelées et conduites par des cochers en redingote beige et chapeau haut de forme.

Depuis peu on visite Buckingham, certes pas la chambre royale ni sa salle de bains, mais les pièces de réception. L'intrusion dans la maison privée de la reine est une grande nouveauté. Jusqu'alors n'y était parvenu qu'un monte-en-

Le Flâneur de Londres

l'air ingénu qui accéda à la chambre de Sa Majesté au petit matin et s'assit sans gêne au bord du lit, entamant une conversation à laquelle Elisabeth II mit fin en sonnant un domestique pour son petit déjeuner. Le respect se perdant de jour en jour, un pilote amateur s'est également posé sur le toit du palais avec un avion monoplace ultraléger. Il semble que les pompiers venus le déloger ne lui ont pas fait acquitter le droit d'entrée, ordinairement destiné à payer la restauration du château de Windsor dévasté par un incendie, et à subvenir aux frais énormes que suscite l'entretien du palais.

Les finances de la monarchie ne sont plus, depuis quelques années, du domaine réservé. Pour ses fonctions la famille royale est largement rétribuée par le contribuable. Depuis des temps immémoriaux, la reine ne payait pas d'impôts sur ses revenus officiels et privés. Une fortune habilement gérée a fait d'elle la femme la plus riche du monde. Elle devra désormais se plier à la règle commune. Mais qu'on ne la plaigne pas, même si elle a perdu en 1995 quelques millions de sterling dans le krach fou de la banque Baring. Elle a hérité de ses prédécesseurs une fabuleuse collection de peintures commencée par George IV. La galerie de la Reine, aménagée dans les communs avec goût et simplicité, permet de se faire une idée des trésors conservés dans les résidences royales : deux cents dessins de Léonard de Vinci, une collection unique de peintures animalières, les poupées de la reine, l'art français du XVIIIe siècle, les *memorabilia* du soldat britannique à travers les âges. Ainsi, de temps à autre, un coin du voile est soulevé, sans ostentation, comme pour montrer aux visiteurs que la dynastie a su faire preuve de discernement et s'entourer en secret de chefs-d'œuvre et de souvenirs de sa grandeur passée.

La marche du temps est cependant inexorable et beaucoup de tabous tombent en désuétude. La vie officieuse de la famille royale s'est adaptée au goût du jour : Sa Majesté assiste, mêlée à la foule, aux courses d'Ascot et ouvre elle-même son parapluie ; ses enfants sont allés dans des écoles publiques comme ses petits-enfants, et la presse a discuté gravement de l'opportunité de leur infliger, au cas où ils le mériteraient, les mêmes châtiments physiques qu'à leurs condisciples. Le duc d'Edimbourg, officier de marine,

Le Flâneur de Londres

est souvent parti des mois pour des périodes militaires. Le prince de Galles, héritier de la couronne, est également officier de marine et pilote de chasse. Le duc d'York est pilote d'hélicoptère et a participé à la brève guerre des Falkland. Il s'agit de ne pas oublier que la Grande-Bretagne fut, pendant de longs siècles, maîtresse des mers du globe, même si elle est fort loin aujourd'hui du *Rule Britannia*.

Beaucoup plus qu'ils ne veulent l'avouer, les Londoniens se passionnent pour la vie privée de la famille royale, qui semble traverser une grave crise morale. La princesse Margaret, sœur de la reine, a été la première à divorcer après s'être mariée à un photographe anobli pour l'occasion. La fille unique de la reine est championne de concours hippique, divorcée et remariée à son aide de camp. Le prince de Galles est séparé de son épouse comme le duc d'York. Il suffit de prendre un transport en commun le soir ou le matin pour voir les Londoniens plongés dans les journaux à scandale comme le *Sun*, *Private Eye* et *News of the World,* qui se livrent à une surenchère de nouvelles sensationnelles sur la vie privée – de moins en moins secrète – de la famille royale et des hommes politiques. Ceux-ci sont particulièrement visés. Ministres et parlementaires sont obligés de quitter leurs fonctions quand ils cèdent au démon de midi. Les maîtresses abandonnées se font un joli pécule en racontant, détails à l'appui, leurs aventures avec des personnages haut placés. On le voit, la moralité n'est pas la même en France.

Si, un jour, sous les coups qui lui sont portés, l'institution traditionnelle s'effondre, la rue de Londres gardera longtemps encore les signes de la séculaire présence des monarques : couronnes et emblèmes royaux sur les immeubles, les boîtes aux lettres, les cabines téléphoniques, les grilles des parcs, les réverbères, les magasins qui s'honorent d'être les fournisseurs de la reine, les uniformes des gardes de la Tour. Pas un timbre qui ne comporte l'effigie de la reine. Pas une pièce de monnaie, une livre sterling, sans la présence de son visage de profil et l'inscription : « *Elizabeth II, Deo Gratia Regina.* » Les spectacles, théâtres, comédies musicales, séances de cinéma se terminaient tous il y a peu encore par l'hymne *God Save the Queen* (« Dieu

... couronnes et emblèmes royaux sur les immeubles, les boîtes aux lettres, les cabines téléphoniques, les grilles des parcs, les réverbères...

protège la reine »). Partout, la monarchie de Hanovre a marqué la ville de son sceau. Même sans aucun pouvoir politique, elle affirme sa présence pérenne. A l'hôpital royal de Chelsea, qui choie avec orgueil les vétérans des guerres du siècle, de vieux soldats à la retraite, criblés de cicatrices, bardés de médailles, en dolman rouge et chapeau tricorne, défilent pour l'Oak Apple Day en poussant trois hourras pour Charles II (1630-1685) et trois autres pour la reine Elisabeth II.

Mille traditions lient Londres à son monarque, comme celle de la remise des clés, à la Tour de Londres, tous les soirs à vingt-deux heures. Cinq minutes avant l'heure, le *yeoman* en chef de la garde prend la tête d'un peloton composé d'un sergent et de trois soldats chargés de l'aider à fermer les portes. Lorsqu'on rend les clés, la sentinelle crie : « Halte là ! Qui vive ? » et le *yeoman* en chef répond : « Les clés. » « A qui sont les clés ? » demande la sentinelle. « A la reine Elisabeth. » Toute la garde ajoute : « Amen. » Le *yeoman* en chef prend les clés et les met en sécurité dans le petit bâtiment baptisé « maison de la Reine » où elles passeront la nuit sous bonne surveillance. Il y a intérêt : la

Le Flâneur de Londres

Tour de Londres est le coffre-fort de la monarchie. On peut y admirer les couronnes de Charles II, de la reine Victoria, de la reine Mary et les plus beaux joyaux du monde : le Koh-i-Noor et les Etoiles d'Afrique dont le plus gros diamant pèse cinq cent seize carats.

Bien entendu, la cérémonie la plus prisée des Anglais en général et des Londoniens en particulier est le sacre à Westminster. Celui de la reine Elisabeth, en 1953, suivi pour la première fois par les télévisions du monde entier, a permis de se rendre compte du faste et du caractère sacré de cette tradition, comme le mariage du prince de Galles avec lady Diana Spencer. Il a lieu à l'abbaye de Westminster, à un kilomètre à peine, par Bird Cage Walk, du palais de Buckingham. Depuis Edouard II, tous les rois d'Angleterre ont été couronnés dans l'abbaye, sur le même fauteuil fabriqué par Walter, le peintre du roi Edouard Ier, en l'an 1300. Ce fauteuil en bois de chêne imputrescible, couvert d'inscriptions, laisse place sous son siège à une lourde pierre grise, le Scone, rapportée de Scone, en Ecosse, où les rois écossais se faisaient couronner. A Westminster les monarques sont sacrés, mariés, enterrés.

Michel Déon

L'abbaye de Westminster appartient à la toute première histoire de Londres, mais c'est à l'époque Tudor, sous Henri VIII, qu'elle a trouvé sa définitive orientation anglicane, arrachée à la catholicité par la rupture avec Rome. Son nom (à peine déformé de Westmunster, monastère de l'Ouest) apparaît pour la première fois en 785 dans un document conservé au musée de l'Abbaye : la charte d'Offa, roi des Merciens. L'endroit est désigné en latin comme un *locus terribilis*. Lors des grandes marées, la Tamise sortait de son lit et transformait cette rive en un nauséabond marécage tout indiqué pour des moines affamés de pénitence.

C'est de Parliament Square que l'on a la meilleure vue d'ensemble de cet ambitieux monument, véritable panthéon de l'Angleterre : cent soixante-dix mètres de long, trente-cinq de large sous la nef et soixante-trois au transept. La nef s'élève à trente-trois mètres et les tours les plus hautes (à l'ouest) à soixante-quinze mètres. L'abbaye jouit d'un statut particulier, dit *royal peculiar*, sous la direction d'un doyen et d'un chapitre qui n'ont de compte à rendre qu'à la reine. Ni l'archevêque de Cantorbéry, ni l'évê-

Le Flâneur de Londres

que de Londres n'y ont autorité. Elle a été bâtie par morceaux successifs depuis Edouard le Confesseur (XIe siècle) jusqu'au XVIIe siècle (architecte Christopher Wren). Diverses modifications ont été opérées jusqu'en 1964. L'ensemble est majestueux, imposant et parfois même très beau, même s'il inspire mal le recueillement. La pierre a gardé à l'intérieur une clarté et une patine extrêmement douce mais l'abbaye souffre d'un certain aspect bric-à-brac. A côté des tombeaux émouvants, des boiseries sculptées tout à fait uniques, on est frappé de voir triompher un offensant mauvais goût. Seul le cloître aux belles arcades normandes inspire la prière. Peut-être faut-il prendre l'abbaye pour ce qu'elle est : un musée de l'histoire d'Angleterre, la somme de sa gloire et le *requiescat in pace* de ses héros et serviteurs.

On y sera dérouté par l'abondance des tombeaux, des gisants et des urnes funéraires surmontées d'un buste. Non seulement les grands y retenaient leur place, mais ils exigeaient aussi, autour d'eux, leurs serviteurs. Longtemps des figurines en cire doublaient les gisants. Elles ont été retirées et gardées dans le musée.

Restent une quantité de gisants peinturlurés souvent avec excès comme Ludovik Robessart, porte-bannière d'Henri V à Azincourt. Quel contraste avec la tombe nue, sans un bas-relief, d'Edouard Ier ! La mort réconcilie tout et elle a rendu le même hommage aux deux rivales, Elisabeth Ire et la malheureuse Marie Stuart, reine d'Ecosse, enterrées de part et d'autre de la chapelle d'Henri VII.

Comme pour infliger une leçon de modestie aux puissants de ce monde, c'est le croisillon sud du transept qui attire le plus la curiosité des visiteurs. Là est perpétué le souvenir de la littérature anglaise depuis Chaucer jusqu'à John Masefield et T. S. Eliot (bien qu'il fût catholique). Tous les beaux poètes et les écrivains sont présents : Dryden, Browning, Tennyson, Ben Jonson, Samuel Butler, Milton et même... même Byron, le hors-la-loi, l'exilé volontaire de Missolonghi, auquel une plaque, très récente d'ailleurs, rend enfin justice avec ces mots du poète : « Mais il y a cela en moi qui triomphera de la torture et du temps, et soufflera quand j'expirerai... »

Autre rédimé, plus récent encore (1995), Oscar Wilde, l'Irlandais, après avoir été couvert

Le Flâneur de Londres

d'infamie par les tribunaux, rejeté par la société et condamné à l'exil en France où il est mort dans une quasi-misère. Son nom est désormais inscrit sur un memorial panel de la fenêtre est du Coin des poètes. Assistaient à la cérémonie non seulement des comédiens mais un groupe important d'activistes réunis au nom des droits à l'homosexualité. Chateaubriand, dans ses souvenirs d'exil à Londres sous la Révolution, raconte qu'il se laissa enfermer par mégarde dans l'abbaye et fut contraint d'y passer la nuit à l'abri du tombeau de lord Chatham. C'est une manie chez lui : à Londres comme en Amérique, en Grèce, au Moyen-Orient, il se laisse surprendre par la nuit. On doute un peu.

Le privilège de Londres est de contenir la vie entière de ses souverains et de les honorer, comme d'ailleurs de leur rappeler les frontières au-delà desquelles cesse leur autorité. La reine, lorsqu'elle se rend dans la Cité, doit frapper symboliquement à la porte, demander les clés et changer sa garde personnelle contre la *yeomanry*. La Cité ne manque jamais de lui remémorer son indépendance et garde une manière à elle de

Tous les beaux poètes et les écrivains sont présents :
Dryden, Browning, Tennyson, Ben Jonson, Samuel Butler, Milton et même...
même Byron, le hors-la-loi, l'exilé volontaire de Missolonghi, auquel une plaque,
très récente d'ailleurs, rend enfin justice.

Le Flâneur de Londres

traiter les événements royaux. Ainsi est-ce un crieur public, debout sur les marches du Royal Exchange, qui annonce au monde des affaires le début d'un règne. En revanche, la grâce royale ne dédaigne pas d'élever à sa hauteur les choses du commerce. Sir Thomas Gresham qui construisit, en 1566, à Cornhill, sur le modèle de la Bourse d'Anvers, un bâtiment destiné à servir de centre aux échanges commerciaux, obtint de la reine Elisabeth Ire le privilège de baptiser son entreprise du beau titre de Royal Exchange.

Nombreux sont les produits, whiskies, tabacs et autres, qui s'enorgueillissent publiquement d'être les préférés des grands de ce monde. Les tailleurs de Savile Row, les chemisiers d'Old Bond Street, les chapeliers de St James's Street comme Lock – le premier du monde, écrit Larbaud à un ami, ignorant peut-être que Nelson y commanda ses fameux tricornes et qu'y fut lancé le chapeau melon –, les bottiers, les joailliers de Burlington Arcade et de Regent's Street sont célèbres dans le monde entier. Au passage, je me récite les vers si charmants d'Apollinaire :

Michel Déon

Le chapeau à la main il entra du pied droit
Chez un tailleur très chic et fournisseur du roi
Ce commerçant venait de couper quelques têtes
De mannequins vêtus comme il faut qu'on se vête...

Les mannequins pour lui s'étant déshabillés
Battirent leurs habits puis les lui essayèrent
Le vêtement d'un lord mort sans avoir payé
Au rabais l'habilla comme un millionnaire.

Le touriste débarquant à Londres se rue aussi-tôt chez Harrods de Brompton Road, magasin inouï où l'on trouve absolument tout, de même qu'à Scotch House. Et qui résistera à la tentation de visiter le grand épicier Fortnum & Mason (Piccadilly Street), où nous accueillent des vendeurs de fromages, de thés et de confitures en redingote rouge... Citons encore Paxton & Whitfield dans Jermyn Street, fromager de grand ton, ou Fribourg & Treyer qui se réclament du duc de Cambridge et de maints monarques étrangers et gardent pour leurs clients les plus huppés des mélanges de tabac personnalisés, des cigares cubains au chiffre.

La Grande-Bretagne est un pays de mar-chands qui vendent à la terre entière. En 1914,

Le Flâneur de Londres

l'empereur d'Allemagne, Guillaume II, bien que cousin du roi George V, avait traité la Grande-Bretagne de « nation de boutiquiers ». Les Britanniques relevèrent le défi. Ces marchands semblent avoir conclu une alliance indéfectible avec le pouvoir qui dispose de la force militaire, sans laquelle il n'est pas d'expansion économique. La flotte et l'armée ont grandement contribué à la richesse de Londres, et Londres leur en garde une reconnaissance qui se manifeste partout par des statues et des monuments : Nelson et Wellington sont les deux héros prédominants parce qu'ils ont sauvé le pays à ses heures les plus critiques lors des guerres napoléoniennes, mais quantité d'autres personnages de marbre et de bronze rappellent le souvenir des fondateurs et des gardiens de l'ancien Empire sur lequel le soleil ne se couchait pas.

Ce spectacle insistant est d'autant plus surprenant que la Grande-Bretagne est fort peu militariste, en bonne démocratie qui se méfie des putschistes depuis Cromwell. Elle a longtemps refusé la conscription, ne s'y résignant que pour les deux dernières guerres mondiales et laissant une grande liberté à l'objection de conscience.

Son armée actuelle est encore une armée de métier, peu importante en nombre mais supérieurement entraînée aux opérations de commandos. Son service de renseignements, le MI 5, dirigé pour la première fois par une femme, est le premier du monde bien qu'il ait été sérieusement infiltré pendant la guerre froide par des fonctionnaires à la triste célébrité : Philby, Blunt, Burgess, Mac Lean, ardents communistes. Longtemps sa flotte a suffi à sa défense et le fait est que Londres est la seule capitale du globe à n'avoir jamais été investie par l'ennemi depuis mille ans. Guillaume le Conquérant préféra traiter avec les marchands de la Cité plutôt que de donner l'assaut.

Entre 1914 et 1918, Londres fut écorné par les zeppelins allemands alors que Paris était sous le feu direct de la Grosse Bertha. En 1940, commença un calvaire de cinq ans : cent mille maisons détruites, un million six cent cinquante mille maisons touchées, des églises rasées avec leurs trésors, les docks incendiés. La flotte était, cette fois, impuissante. Ce fut la Royal Air Force qui prit la relève et défendit le ciel de Londres, inscrivant une page glorieuse dans le livre de

Le Flâneur de Londres

guerre de la nation. En 1947, une chapelle particulière de Westminster, dans l'absidiole centrale, a été consacrée à la Royal Air Force. Les vitraux de Hugh Easton rappellent les insignes des soixante-trois escadrilles qui se sacrifièrent dans un dramatique combat, et citent une phrase de Shakespeare qui semble avoir été écrite pour rappeler ces aviateurs : « *We few, we happy few, we band of brothers.* » Les cendres de lord Trenchard, premier maréchal de la R.A.F., reposent sous une dalle et au rôle d'honneur ont été inscrits les noms des mille neuf cent quarante-sept pilotes qui, du 8 août au 31 octobre 1940, donnèrent leur vie pour sauver Londres du pire et porter à la Luftwaffe un coup si terrible qu'elle en fut handicapée pour le reste de la guerre.

En affirmant que Londres n'a jamais été investi depuis mille ans, c'est-à-dire depuis le début de l'histoire moderne, je néglige un passé tumultueux. Les légions romaines de Claude, commandées par Aulius Plautus, ont réellement rencontré vers l'an 40 une résistance localisée. Elles s'arrêtèrent sur la rive sud, à un endroit où la Tamise était enfin franchissable. Des tribus, repoussées par l'envahisseur, trouvèrent un abri sur la rive nord et s'y fortifièrent. Le combat était cependant disproportionné. Les légions romaines avançaient avec un matériel formidable pour l'époque et, surtout, accompagnées de régiments du génie qui construisirent un pont, peut-être déjà le premier pont de Londres. A marée basse, le fleuve était passable à gué, bien que dangereux et imprévisible. Après avoir chassé ou rallié les tribus courageuses et ingénieuses qui s'étaient opposées à eux, les Romains entreprirent la construction d'une ville fortifiée, constituant ainsi une tête de pont facile à ravitailler et à défendre. De là, des expéditions pouvaient partir pour explorer le pays et en exploiter les richesses, principalement le minerai de fer et de charbon.

Au London Museum (Barbican), on trouvera à ce sujet deux peintures d'un archéologue, Alan Sorel, qui nous montre le Londres de l'an 50 et celui de l'an 300. Dans la première, on voit l'esquisse d'une défense tournée vers le nord et une bourgade au tracé rectiligne cher aux Romains. Le pont existe déjà et barre le fleuve, les bateaux s'arrêtent en aval. Dans la seconde pein-

Le Flâneur de Londres

ture, le mur de défense est terminé, Londres s'est agrandi, de larges artères le traversent de part en part et des rues de moindre importance le quadrillent. Le pont est consolidé et des cheminées crachent (déjà !) une intense fumée. Quelle que soit la part de l'imagination dans ces plans, on doit les considérer comme d'une assez grande probabilité.

Les Romains surent immédiatement inventorier et exploiter les ressources du sol. Leurs sens commercial fit le reste, et les roitelets des tribus dispersées dans l'arrière-pays comprirent vite qu'on ne résistait pas aux légions et qu'on avait, au contraire, tout avantage à collaborer avec des colonisateurs aussi ingénieux et aussi actifs. L'effondrement de l'Empire romain aurait pu signifier la fin de Londinium, mais il semble que de nombreux Romains demeurèrent et avec eux des Romano-Bretons. L'appui discipliné des légions manqua, mais les fortifications subsistèrent. Bien entretenu, âprement défendu contre les pillards vikings, Londres survécut dans ses limites qui sont, aujourd'hui, à quelques centaines de mètres près, celles du centre des affaires, la Cité. Des fragments de murs ont été pieusement conservés dans les jardins de Saint-Alphège et à Cooper où ils offrent un saisissant contraste avec les nouveaux immeubles de quinze ou vingt étages. On trouvera encore des vestiges dans l'enceinte de la Tour, à All Hallow's et tout le long de la rue qui a gardé le nom de London Wall. Les excavations ont révélé des bains à Huggin Hill et Saint Mary at Hill, un bastion à Aldergate et, à l'emplacement de la Banque d'Angleterre, des mosaïques et le temple de Mithra. Il ne se passe guère d'années sans que l'on déterre des pièces admirables témoignant d'une rare industrie et d'un haut degré de civilisation technique. Tout a été rassemblé dans les salles du London Museum, du British Museum et du Guildhall Museum.

Dire que les Londoniens tirent orgueil de cette période de leur histoire serait exagéré. La seule certitude est qu'ils s'intéressent surtout au passé à partir du règne d'Alfred le Grand qui, en montant sur le trône en 871, mit fin aux dissensions internes exploitées par les envahisseurs danois, organisa une armée et, mieux encore, une première flotte. Après des revers, il devait écraser les Danois en 877 et refortifier Londres dans ses murs romains. Avec lui est née l'idée de l'unité de l'Angleterre comme est née sous les Capétiens, à la même époque, l'idée de l'unité de la France. La similitude est encore complétée par le fait que son fils et son petit-fils, Edouard l'Ancien et Athelstan, furent également de grands politiques. C'est l'âge d'or du Londres de l'Angleterre saxonne. Le christianisme difficilement implanté luttait encore contre la tradition druidique restée toujours vivante dans les temps modernes et pieusement remémorée par de grandes réunions lors des équinoxes de printemps et d'automne.

L'Angleterre saxonne fait place à l'Angleterre normande avec l'invasion de Guillaume le Conquérant (1066). La Grande Histoire commence et Londres en témoigne hautement par des monuments qui signent cette époque : la Tour et la chapelle Saint-Jean, Mary Overie Dock, Hay'Wharf, les arcades de Saint Bartholomew, Saint Bride's Church, Saint Clement Danes, Saint Mary le Bow. A un Londres confiné sur lui-même, les Normands apportent l'air du large, une ouverture sur l'Europe et principalement la France. Vers l'an 1200, un recensement approximatif donnait à Londres une population d'environ vingt mille habitants très irrégulièrement répartis. A la fin du XXe siècle, Londres proprement dit compte trois millions cinq cent mille habitants et le Grand Londres quelque huit millions cinq cent mille.

Le Londres des Normands connaît déjà une activité folle. Sa population n'est pas plus homogène qu'elle ne l'est à l'approche de l'an 2000. Marchands, gens d'Eglise et d'armes vivent dans le luxe et l'aisance, tandis que la main-d'œuvre s'entasse dans des taudis où les conditions de vie sont épouvantables. Des convoitises s'allument, provoquent des émeutes réprimées dans le sang. Des quartiers entiers se livrent une véritable guerre civile. L'orage passé, tout le monde retourne à ses affaires. Smithfield est déjà un marché, comme Billingsgate (poissonneries), Haymarket (fourrages). A Queenshithe, les étrangers viennent acheter, vendre, échanger. Londres a des courriers réguliers vers la Scandinavie, la Normandie, l'Italie où elle a installé des comptoirs. On exporte du blé, des moutons, de la laine et on importe des tissus de Flandre et du vin de France, beaucoup de vin car les

L'ancien marché de Covent Garden.

Normands, forts buveurs, en répandent la mode. Londres s'enrichit par des taxes perçues sur les mouvements des bateaux et des marchandises. Un monopole s'installe et l'arrière-pays est condamné par les volontés de la capitale à en passer par là ou à vivoter de rien.

Sur la vie quotidienne des Anglo-Normands, il n'est rien de plus instructif que les soixante-douze épisodes de la grande broderie conservée à Bayeux en Normandie. Tout y est décrit, jusqu'à l'art culinaire, en passant par les tournois et les sports pratiqués avec frénésie. Longtemps attribuée à Mathilde, l'épouse de Guillaume le Conquérant, et à ses suivantes, la « tapisserie » de Bayeux est maintenant supposée être l'œuvre d'Anglaises qui l'exécutèrent sur la commande des fidèles du souverain. Au centre même de la Tour de Londres, la tour Blanche, transformée en musée des Armes, conserve une remarquable collection d'épées, de lances et d'armures normandes, ainsi d'ailleurs que le British Museum et la Wallace Collection. Au Public Record Office, Chancery Lane, on peut consulter le Doomesday Book, véritable inventaire du Londres d'alors.

Le Flâneur de Londres

Un des grands mérites de Guillaume le Conquérant est d'avoir compris le caractère difficile et ombrageux des Londoniens. La City Corporation possède un parchemin qui fixait impérativement leurs droits et leurs devoirs, et sur la question des droits ils semblent s'être montrés encore plus sourcilleux que sur celle de leurs devoirs. Dès le début du XIIᵉ siècle, les guildes se forment et font autorité. Chacune a son quartier, et cette tradition se perpétue jusqu'aujourd'hui malgré tout ce qu'elle a de peu pratique dans une ville aussi étendue : les bijoutiers dans Bond Street et Burlington Arcade, les marchands de meubles à Tottenham Court Road, la prostitution à Soho, les théâtres proches de Piccadilly Circus et de Leicester Square, les écrivains et les artistes à Chelsea et Bloomsbury. Quel écrivain français visitant Londres n'est pas allé rôder dans Bloomsbury à la recherche de souvenirs de Virginia Woolf, de Lytton Strachey à Fitzroy Square, de l'économiste Keynes, de Vita Sackville-West, étoiles d'une époque dorée de la littérature anglaise ?

Les guildes ne sont pas seulement des associations corporatives, beaucoup d'entre elles offrent les aspects d'une communauté spirituelle aux mœurs très strictes, d'autres pratiquent la philanthropie et collaborent à l'entretien et à l'embellissement de la ville. On a vu là l'origine de ces clubs qui sont caractéristiques de la vie sociale des classes aisées de l'Angleterre et auxquels il faut à tout prix avoir été invité au moins une fois, ne serait-ce que pour s'assurer que la nourriture y est détestable, le porto de seconde catégorie, le vin, en général, bon. Le Garrick est le plus connu parmi les écrivains. Il tient son nom d'un comédien. On y rencontre même des académiciens français ! Les dames peuvent être invitées le soir... On ne fume pas à table avant vingt heures. Le White's est le plus fermé. Evelyn Waugh en fut membre. Le Traveller's est aussi sélect et mélangé que son homologue de Paris. Le club est une des institutions de la vie anglaise qui défient le temps.

Près d'un siècle après le couronnement de Guillaume le Conquérant (vers 1166), Fritz Stephen, bourgeois curieux de tout, écrivit une relation du Londres de son temps qui, malgré le dithyrambe, est très instructive. On y voit déjà la ville parée des qualités qui sont les siennes

Le Flâneur de Londres

aujourd'hui, mais aussi accablée de ses défauts :
circulation impossible, impuissance des pou-
voirs publics à lutter contre la saleté des rues et
les entassements humains. « Les deux plaies de
Londres, écrit Fritz Stephen, sont le nombre im-
modéré des imbéciles qui boivent trop et la fré-
quence des incendies. » Cinq siècles plus tard,
en 1666, un an après une épidémie de peste, un
incendie gigantesque allumé dans une boulangerie de Pudding Lane ravagea Londres en quatre
jours, consumant toute la ville à l'intérieur de
ses murs. Bien qu'il n'en ait pas été témoin, Daniel Defoe en a laissé un saisissant récit. On en
trouvera une autre description dans le *Journal*
de Samuel Pepys à la date du 2 septembre. Ce
riche bourgeois a décrit avec minutie, et une
bonne dose de cynisme, l'atmosphère de Londres pendant cette tragédie. On prend soin de
garer ses biens, mais les affaires continuent
dans les quartiers épargnés. Les riches recrutent
des pauvres pour sauver leurs maisons au péril
de leur vie et mégotent ignoblement sur les salaires des pompiers improvisés : « Quel triste
spectacle offre le fleuve : pas une maison, pas
une église le long de ses rives et cela jusqu'au

quartier du Temple. » Le *Journal* de Pepys est à garder en main quand on visite Londres.

La cathédrale, treize mille maisons, quarante rues, quatre-vingt-neuf églises paroissiales furent réduites en cendres. Disparurent en quelques heures des trésors inestimables amassés par les marchands et les spéculateurs.

Dès le XIIIe siècle, Londres est la ville d'Europe où se fabriquent et se vendent les meilleurs tissus. Une véritable folie s'empare des Londoniens, et une loi inspirée par de curieux impératifs moraux interdit aux « basses classes » de porter des fourrures, de se vêtir de tissus trop chers ou trop luxueux. Six cents ans plus tard, il en est resté quelque chose dans une société très structurée malgré le nivellement général de la fin du siècle. Pourtant, dès l'origine comme maintenant dans les grandes occasions – naissance d'un prince, intronisation d'un lord-maire – les différences de classes s'abolissent, tout le monde descend dans la rue et, le bon vin ou la bière aidant, on chante, on danse, on festoie à la table commune de Guildhall. Cela finit souvent par des rixes, mais la vie d'autrui est bon mar-

Le Flâneur de Londres

ché en ces occasions-là. Et puis, quand quelque chose n'allait pas, il était toujours facile de s'en prendre à la communauté juive.

L'usure étant interdite aux chrétiens, les Juifs importaient des capitaux qu'ils prêtaient à court et à long terme, favorisant le crédit et l'expansion économique. Pendant un assez court laps de temps, ils furent les chefs d'orchestre invisibles, la Bourse secrète de Londres. Aucun statut ne les protégeant, leurs richesses firent rapidement des envieux. On leur interdit les armes, même défensives, et aussitôt se déchaînèrent les pogroms, suivis de taxations arbitraires, d'amendes démesurées. La communauté juive lutta courageusement pour se maintenir, mais au début du XIVe siècle, alors que déjà pressurée à mort, paralysée dans son commerce, elle ne présentait plus aucun intérêt pour le monde des affaires qui avait abondamment profité de ses qualités et de son audace, Edouard Ier la bannit du royaume et confisqua les biens qui lui restaient. Les Juifs ne revinrent que sous Cromwell, timidement, grâce à une protection plus morale que légale, et il fallut encore deux siècles pour qu'un Lionel de Rothschild – dont la famille s'était enrichie

Michel Déon

par un coup de dés sensationnel en pariant sur la défaite de la France à la bataille de Waterloo — devînt membre du Parlement et représentât la Cité.

Seize ans après, un autre Juif, Benjamin Disraeli, dandy célèbre pour l'élégance de ses gilets brodés, romancier de talent, chef du Parti conservateur et favori de la reine Victoria, à la fois attentif aux problèmes de la Cité et sensible à la misère sociale d'un prolétariat exploité par les industriels et les affairistes, devint Premier ministre une première fois en 1867-68, une seconde fois de 1874 à 1880. Mieux qu'aucun autre homme politique de son siècle, il a incarné l'ambition britannique de tenir dans ses mains les rênes du monde. Grâce à son sens des affaires, à la rapidité d'exécution dont il sut faire preuve à un moment décisif, la Cité put prendre le contrôle de la Compagnie de Suez, l'enlevant aux Français. La reine Victoria lui doit le beau titre d'Impératrice des Indes. Disraeli a sa statue dans Londres au cœur du square du Parlement. Tous les 9 avril (Primrose Day) des mains pieuses y déposent des primevères, la fleur préférée du fastueux homme d'Etat dont le dandysme

86

Le Flâneur de Londres

flamboyant, l'intelligence aiguë, la vie ardente et le patriotisme ont marqué à jamais la vie parlementaire britannique.

Peu de pays, après une sanglante intolérance, auront aussi bien assimilé les immigrants juifs que l'Angleterre du XIXe siècle. Les catholiques, au contraire, nombreux dans les milieux intellectuels et littéraires, n'ont que rarement accédé à la vie politique et encore jamais à des postes clés. Dans le monde très particulier et très fermé de la Cité, les banques juives ont fait cause commune avec les financiers protestants, et cette alliance a permis au Royal Exchange de continuer à jouer un rôle prépondérant dans l'économie mondiale, alors même qu'avec la perte de l'Empire et les séquelles de la dernière guerre mondiale la puissance du pays a considérablement diminué. De grands marchés lui ont été soufflés par Wall Street : assurances, aluminium et caoutchouc. D'autres lui ont été disputés par Zurich, Milan, Paris et Bonn, mais la Cité fait encore la loi sur le diamant, maintenant un cours élevé, assez arbitraire, qui paralyse la Russie importatrice. La cote de l'or lui a également ment échappé, mais la Banque d'Angleterre, nationalisée par les travaillistes, est devenue gardienne de la livre sterling. En revanche, la Cité est restée la place la plus importante pour les accords internationaux de *clearings*. Elle achète un blé, un thé, un café, des minerais qui ne seront jamais stockés dans les docks de Londres, mais répartis par ses soins dans le monde entier. Autrement dit, elle vit de pourcentages et de spéculations. Nul centre d'affaires n'a pareille quantité et qualité de spécialistes chevronnés qui fassent unanimement autorité.

Si la période médiévale de Londres devait être symbolisée par un monument, il faudrait choisir la Jewel Tower, la tour des Joyaux, dernier bâtiment subsistant de ce qui fut l'ancien palais privé des premiers rois d'Angleterre. Construite par Edouard III, elle conserva les joyaux de la Couronne (visibles maintenant à la Tour de Londres, comme nous l'avons dit), puis les actes du Parlement et les poids et mesures. Convertie en un petit musée, elle se dresse tout près de la Tamise, derrière l'abbaye de Westminster, à quelques pas du Parlement. Austère, sans prétention, joliment bordée d'un côté par une douve et de l'autre par un jardin orné d'une sculpture non figurative qui

Le Flâneur de Londres

surprend en ce lieu, elle mérite une visite surtout parce qu'elle conserve l'épée de Westminster (VIIIe siècle). En creusant sous le Parlement pour installer une chaudière, des ouvriers ont mis au jour cette arme d'une rare beauté dont la fabrication est probablement due à des ouvriers rhénans. On peut se perdre en conjectures sur la présence de cette épée sous les fondations du Parlement, ou simplement rêver qu'elle fut symboliquement placée là pour que le droit reposât sur les armes.

Ce fut plus vrai que jamais durant le Moyen Age anglais, que l'on situe entre 1199, date d'accession au trône de Jean sans Terre, et 1485, mort de Richard III. La Cité, agrandie, reste toujours surpeuplée. Les guildes sont toutes-puissantes et l'élection du lord-maire n'est qu'un simulacre. La Cité présente son candidat, que le roi n'a pas les moyens de discuter. Pour avoir refusé Thomas Fitz-Thomas, Henri III faillit perdre son trône devant les Londoniens alliés à Simon de Montfort. Le roi capitula, acceptant à la condition qu'« Henri III traitât bien la Cité ».

En 1341, Edouard III reconnut à la Cité le droit de modifier sa propre Constitution, et elle apparut de plus en plus comme un Etat dans l'Etat, se moquant des interdits royaux et même de ceux de l'Eglise. Quand un édit supprime les meurtriers tournois de Smithfield, la Cité passe outre. A l'intérieur, l'ordre est des plus difficiles à maintenir. Dès leur plus jeune âge, les adolescents sont initiés au maniement de la lance et de l'épée. Chacun n'en fait qu'à sa guise. Les ordures sont déversées par les fenêtres dans la rue. Certains jours, l'entassement du fumier est tel que la circulation devient impossible. Personne n'a de respect pour la plus petite notion d'hygiène. En même temps que la prospérité de la classe marchande, le vol fait son apparition. C'est l'âge des premiers « pickpockets » et aussi des cambriolages montés par des bandes organisées. Les petits commerçants trichent sur les poids et les capacités malgré la menace de peines sévères : pendaison ou pilori.

Déjà, en 1303, Richard Podelicote, aidé du sacristain et du gardien de l'abbaye de Westminster, ouvre l'ère des perceurs de murailles. Creusant plusieurs murs, il parvient dans la crypte après deux semaines d'un travail acharné. Tout le trésor royal est là. Dans la nuit, il est

Le Flâneur de Londres

déménagé et aussitôt réparti entre les principaux receleurs de la Cité. Edouard Ier, alors en Ecosse, envoie des gens d'armes avec mission impérative de retrouver, coûte que coûte, les trésors et les voleurs. Les receleurs prennent peur et dénoncent Podelicote, qui est pendu. Il est le premier d'une longue lignée de perceurs de murailles et de coffres-forts qui n'hésiteront jamais devant rien, même pas devant le cambriolage de la Banque d'Angleterre.

Si grossière et matérialiste que soit cette époque de Londres, elle a son poète : Geoffrey Chaucer (1340-1399), auteur des *Canterbury Tales*, premier en date des grands poètes anglais. Son œuvre, fruit de sa vie de cour et de ses pèlerinages aux lieux saints de France et d'Italie, est restée un délice de fraîcheur et d'humour. Elle nous donne une idée du degré de civilisation à la Cour, auprès d'Edouard III, de Richard II et d'Henri V, protecteurs successifs du poète. Ses récits ne furent pas imprimés de son vivant, mais seulement soixante-quinze ans après sa mort par William Caxton, autre figure remarquable du Londres médiéval. Ce marchand de textiles, après de longs séjours dans les Pays-Bas et

... Fleet Street demeurée, jusqu'au début des années 1980,
la rue des imprimeurs et des journaux...

Le Flâneur de Londres

en France, regagna la capitale où il rapportait des traductions en anglais de Chrestien de Troyes. Il monta une presse à Westminster et avec la protection d'Edouard IV, de Richard III et d'Henri VII, il imprima quelque quatre-vingts livres entre 1477 et 1491. La plupart de ces premières éditions anglaises sont visibles dans la salle des Manuscrits du British Museum.

Son apprenti et successeur, Wynkyn de Worde, un Alsacien, transporta les presses dans Fleet Street, demeurée depuis, et ce jusqu'au début des années 1980, la rue des imprimeurs et des journaux. La concurrence et la technologie ont obligé les plus grands journaux à installer leurs presses à Wapping (Tower Hamlets), mais les rédactions demeurent dans Fleet Street. De puissants groupes de presse ont modifié l'aspect des quotidiens, notamment du *Times*, dont l'austère première page sans illustration a cédé à la nécessité de racoler les lecteurs en publiant les photos des événements du jour. D'autres quotidiens ont adopté le format tabloïd et se spécialisent dans le scandale.

Les grands patrons de presse ont aussi beaucoup changé. L'un deux, Robert Maxwell, venu d'Europe centrale dans des conditions interlopes, naturalisé, grand soutien du parti travailliste, s'est mystérieusement suicidé (ou a été assassiné) à bord de son yacht à la veille de la découverte d'un énorme scandale financier. Il puisait dans la caisse de retraite de ses employés pour ses propres opérations boursières. Reste Rupert Murdoch, lui d'origine australienne, qui adjoint à ses journaux des satellites de télévision couvrant le monde entier et entend faire passer le rugby dans les sports professionnels, comme le football.

Ne quittons pas l'âge médiéval sans retourner à la Tour de Londres, qui est à cheval sur plusieurs époques et dont l'histoire est intimement liée à celle de la Cité. Commencée par Guillaume le Conquérant, elle a été au cours des siècles modifiée, agrandie et renforcée par les différents rois, très conscients de son rôle stratégique puisqu'elle commande la navigation sur la Tamise. Le donjon, ou tour Blanche, est normand, la cour intérieure date d'Henri III, le chemin de ronde, d'Edouard Ier. Jusqu'à Jacques Ier, la Tour a servi de palais aux rois et aux reines qui y passaient la nuit d'avant le couron-

Le Flâneur de Londres

nement pour traverser ensuite la Cité à cheval et gagner Westminster.

L'ensemble est assez hétéroclite et plutôt sans grâce. Il est probable, d'ailleurs, que les architectes successifs ne cherchèrent nullement à donner une telle impression. Il fallait montrer sa toute-puissance, et la Tour, avec son cortège de légendes, ses prisonniers, ses décapités, est encore assez terrifiante. On a voulu faire massif. Les murs du donjon ont entre trois mètres cinquante et quatre mètres cinquante d'épaisseur. Bien qu'elle ait reçu plusieurs bombes allemandes, la Tour n'a que modérément souffert. Son joyau est la chapelle Saint-Jean (1080) où l'on armait les chevaliers. L'état de conservation est parfait et rien n'en a été changé depuis qu'elle a été construite par un moine normand, Gondulf, qui fit tailler les pierres à Caen.

La nef est d'une beauté rarement atteinte dans sa simplicité. Chacun des chapiteaux est orné d'un motif différent. C'est là que Marie Tudor, dite Marie la Sanglante (en anglais *Bloody Mary,* qui donna son nom à un cocktail de tomate et de vodka) pour ses persécutions contre les protestants, épousa en 1554 Philippe II d'Espagne

Michel Déon

par le truchement de son mandataire, le comte d'Egmont.

Après avoir été forteresse, palais, prison et, pendant six siècles, ménagerie royale, la Tour de Londres est devenue un musée et même un coffre-fort où les visiteurs sont admis à tourner autour de la vitrine circulaire contenant les joyaux de la Couronne. Ce trésor témoigne à travers les générations de l'orgueilleux étalage de richesses dont Londres a toujours entouré la fonction royale. Tous ceux qui ont voulu y porter atteinte, soit en se révoltant, soit en déclarant la guerre, l'ont payé cher : la Tour est leur sépulcre. Sous la « porte des traîtres » passèrent Anne Boleyn et Catherine Howard – deux des malheureuses épouses d'Henri VIII –, le comte d'Essex, le duc de Monmouth. Dans la Tour sanglante fermée par une imposante herse, on situe le probable assassinat par Richard III du jeune Edouard V et de son frère le duc d'York (1483). C'est là aussi que demeura pendant onze ans sir Walter Raleigh (de 1615 à 1626), fondateur de la Virginie, qui profita de ses loisirs forcés pour écrire une monumentale *Histoire universelle* jamais terminée. La tour du Clocher abrita saint Thomas

Le Flâneur de Londres

More, décapité en 1535 sur l'ordre d'Henri VIII pour n'avoir pas reconnu le schisme avec Rome et l'autorité spirituelle du roi sur l'Eglise. Sa curieuse statue peinte est visible quai de Chelsea : le projecteur qui l'éclaire la nuit l'anime comme si le saint allait prêcher. Jean Anouilh a tiré de sa vie un admirable scénario : *Thomas More ou l'Homme libre.* Dans la tour Beauchamp, de nombreuses inscriptions murales laissées par des prisonniers rappellent un lourd passé : Guildford Dudley et son épouse lady Jane Grey, tous deux décapités, Charles d'Orléans fait prisonnier à Azincourt, qui passa vingt-cinq ans dans la Tour (1415-1440) et y écrivit quelques-uns de ses plus beaux poèmes à l'origine, avec ceux de François Villon, de la poésie française.

Les gardiens de la Tour, les *beefeaters*, portent encore l'uniforme Tudor rendu célèbre dans le monde entier par l'étiquette d'une marque de gin. Ce sont, pour la plupart, d'anciens combattants fort raides et complètements envoûtés par le décor dramatique dans lequel ils vivent. Leurs explications, les commentaires personnels qu'ils ajoutent volontiers quand on les interroge, ont

97

Les gardiens de la Tour, les *beefeaters*, portent encore l'uniforme Tudor rendu célèbre dans le monde entier par l'étiquette d'une marque de gin.

Le Flâneur de Londres

un ton intemporel. Ils racontent comme s'ils l'avaient vue, avec un tremblement dans la voix, la douleur de Jane Grey lorsqu'elle vit revenir de Tower Hill le corps décapité de son mari, et sa pâleur devant le spectacle du billot installé pour elle sous la fenêtre. Les pages d'histoire tournées dans cette enceinte ont un relent sinistre. On y a joué *Macbeth* au réel, et tous les drames de Shakespeare. Il est impossible de comprendre le passé de Londres sans une visite à la terrible Tour gardée par les *beefeaters* et les énormes corbeaux à bec bleu dont on dit que, le jour où ils quitteront les lieux, la forteresse s'écroulera. Aussi un gardien, portant le titre de « maître des corbeaux », veille-t-il avec soin sur eux et, dans le budget de la Tour, il est prévu chaque semaine une ration de viande de cheval de trois shillings pour ces lugubres présages volants.

Le début du règne d'Henri VII marque de grands changements dans Londres. Avec la fin du XVe siècle et le début du XVIe, la ville a commencé d'éclater dans ses limites trop étroites. On compte quatre-vingt mille habitants tant sur la rive nord que sur la rive sud, ce qui est un fait nouveau. Les guildes et la City Corporation tiennent bien en main le commerce, l'artisanat et l'industrie, mais leur autorité ne dépasse pas l'enceinte de la Cité. Or les étrangers affluent. Beaucoup fuient les persécutions religieuses en France et aux Pays-Bas. Ce sont, pour la plupart, des hommes entreprenants, industrieux, munis souvent d'un petit capital, de brevets d'invention ou même de plans de machines. Pour échapper à la dictature des guildes, ils commencent à occuper les quartiers de Bermondsey et Southwark, exactement comme aujourd'hui les immigrants africains et indiens. Les Flamands apportent avec eux une innovation qui créera une industrie.

Jusqu'alors la bière ne se conservait pas plus de quarante-huit heures. Il fallait la fabriquer sur place dans les pubs où on la servait. Un inspecteur passait chaque jour dans les tavernes pour vérifier le degré d'alcool de la bière confectionnée le matin même. Il en faisait verser une pinte sur un banc bien lavé, et s'asseyait dessus. Si ses culottes collaient, c'est que le cabaretier y avait mis trop de sucre, et les amendes pleuvaient comme elles pleuvent aujourd'hui sur les

Le Flâneur de Londres

pubs qui n'ont pas mis à la porte leurs clients attardés après minuit.

En additionnant de houblon la bière, les Flamands la stockaient en tonneaux, c'est-à-dire que l'on passait de la fabrication artisanale à la production industrielle. Ce qui se perdait en originalité se gagnait en économie, et la teneur en sucre et en alcool pouvait être facilement contrôlée. La bière à la flamande fut aussitôt adoptée, remplaçant les coûteuses importations de vins français et italiens. Une immense industrie naissait, qui a fait du Royaume-Uni, depuis quatre siècles, le plus grand producteur de bière et son plus grand consommateur. Certes les pubs servent aussi des alcools, whisky et whiskey, brandy, vin, sherry et porto, mais la bière est restée la consommation populaire par excellence. On compte de nos jours à Londres sept mille pubs qui servent une grande diversité de marques depuis la blonde jusqu'aux noirs stouts, dont la Guinness importée de la République d'Irlande. Les pubs ont, pour la plupart, conservé leur ancien décor : une pièce boisée, un large et long comptoir où l'on boit debout, quelques tables où l'on s'assoit rarement. La bière est servie en bouteille ou à la pression. Quelques pubs ont une très ancienne réputation et s'honorent d'avoir eu la clientèle assidue de Samuel Johnson ou de Charles Dickens, d'autres se flattent d'avoir été cités par Shakespeare ou de figurer dans les souvenirs des voyageurs célèbres comme Moritz ou le pasteur Woodforde.

A George Inn, dans High Borough Street, on retrouve le décor exact, inchangé, d'une scène des *Aventures de M. Pickwick*. La cour a gardé ses rudes pavés sur lesquels cahotaient les diligences, la façade à croisillons a toujours un balcon de bois, et les deux salles du bas, le restaurant et le pub proprement dits, sont telles que Dickens les décrivit. Ye Old Cock, dans Fleet Street, fut, dit-on aussi, très goûté de Dickens. Les journalistes et les avocats s'y rencontrent comme par le passé le long d'un comptoir glorieux.

Aux alentours de Piccadilly, des pubs ont conservé leur décor du rez-de-chaussée, mais ont ouvert leurs caves à la jeunesse qui s'habille Carnaby Street. Deux clientèles très différentes se croisent à la porte : les buveurs sérieux qui s'agglutinent en haut, les désœuvrés qui dispa-

Le Flâneur de Londres

raissent dans les profondeurs du sous-sol où les accueille une musique tonitruante.

L'époque Tudor n'a évidemment pas apporté que la bière à Londres. Elle est l'aboutissement d'une longue gestation médiévale. La ville connaît alors une prospérité qui durera quatre siècles et dure encore, même si c'est d'une façon très différente. Avec la prospérité naissent le besoin et le goût de se construire des maisons à la hauteur de sa fortune, d'embellir la ville et de l'assainir. Sir John Crosby, épicier et lainier, fut probablement le premier à voir les choses en grand. Il se bâtit, en 1466, une somptueuse demeure, Crosby Hall, près de Bishop's Gate, en plein cœur de la Cité. Elle mesurait quatre-vingts mètres de façade, comportait un hall pour les banquets, une chapelle, des appartements privés et de réception, des cuisines, une brasserie, des écuries, une boulangerie. De ce palais, seul demeure le hall épargné par l'incendie de 1666, et encore n'est-il plus à l'emplacement original. Crosby Hall a en effet été reconstruit, pierre par pierre, avec son plafond de chêne, à Chelsea où il sert de siège social à une association féminine. Les maisons de l'épo-

Avec la prospérité naissent le besoin et le goût
de se construire des maisons à la hauteur de sa fortune,
d'embellir la ville et de l'assainir.

Le Flâneur de Londres

que Tudor commencèrent à s'enrichir de services en or et en argent dont on peut voir de très beaux spécimens au pavillon Waterloo dans la Tour. Le mobilier est lourd et puissant, généralement en chêne ouvragé. Il doit, avant tout, donner une idée de la richesse du maître de maison qui lui sacrifie tout, y compris son propre confort.

On est surpris, en lisant les chroniqueurs de l'époque, des incommodités dont souffrent les Londoniens : peu de vitres aux fenêtres, intérieurs très sombres, de maigres feux de bois dans les cheminées qui tirent mal, aucune installation sanitaire, juste une fosse septique que les *gong farmers* viennent vider la nuit. On dépose (ou jette) les ordures devant les portes. Au petit matin, des voituriers sont censés les ramasser quand une forte pluie ne les a pas entraînées dans la rigole médiane de la rue.

Le mot « confort » est d'origine anglaise. Il n'a cependant pas le même sens que sur le continent. D'une façon générale, les maisons et les appartements de Londres sont – ou étaient encore récemment – mal chauffés et leurs installations sanitaires sont bien lentement moderni-

Michel Déon

sées. De grands hôtels offrent plus de mille chambres sans salle de bains. La vue d'un bidet provoque une certaine gêne comme si l'on se trouvait en face d'un ustensile obscène réservé aux maisons de passe.

C'est sous les Tudor que Londres est devenu un grand centre théâtral, le premier d'Europe sans doute. Plusieurs théâtres s'établirent dans Southwark, partie parce que la construction y était moins chère, partie pour échapper au contrôle financier et moral de la Cité. Les Londoniens ont toujours eu un goût très vif pour le théâtre. Les foules qui se pressaient au Globe House de Shakespeare ou ailleurs étaient des plus mélangées. Le riche marchand y côtoyait le cocher qui l'avait amené, la riche lady sa femme de chambre. Dans la salle enfumée, on criait sans respect pour les comédiens, applaudis ou injuriés par les uns ou les autres. Le prix des places variait du penny au shilling, suivant que l'on restait debout ou que l'on prenait un tabouret, souvent sur la scène même. On jouait de préférence à la lumière du jour, mais si la pièce se prolongeait (et les drames élisabéthains pouvaient durer quatre ou cinq heures !), on allumait des torches qui provoquaient fréquemment des incendies. Des garçons de dix à quinze ans tenaient les rôles féminins. Les acteurs, payés au pourcentage sur les recettes, se faisaient souvent des fortunes. Certains écrivaient leurs propres pièces, ce qui fut notamment le cas de Shakespeare. La chance de cette époque est une poignée de dramaturges de génie, avec en tête, bien sûr, Shakespeare, mais aussi Fletcher, Ben Jonson, Chapman, Massinger, John Ford et Marlowe protégé par sir Walter Raleigh, et mort dans des conditions mystérieuses.

Les puritains luttaient opiniâtrement contre le théâtre qui leur paraissait le comble de l'immoralité, un divertissement flattant les bas instincts du peuple. La Cité, avec cette hypocrisie qui fut souvent la sienne, déconseillait le théâtre sous le prétexte que les rassemblements de foules pouvaient donner naissance à des épidémies. Les prédicateurs s'indignaient que les cloches appelant à la prière n'attirassent pas plus de cent fidèles, alors que les trompettes d'un bateleur appelaient plus d'un millier de spectateurs à

Le Flâneur de Londres

franchir la Tamise. En 1642, les puritains l'emportèrent. Une loi votée par le Parlement étouffa le théâtre qui disparut jusqu'à la Restauration, après la mort de Cromwell. Bien que l'entracte eût été de courte durée, les habitudes populaires s'étaient perdues et les premières pièces représentées ne draînèrent qu'un public sélectionné et certainement de meilleure qualité, n'exigeant plus, entre les actes des grandes tragédies élisabéthaines, des tours de saltimbanques.

Le Londres moderne a gardé le goût du théâtre de ses ancêtres, mais la plupart des grandes scènes se sont concentrées dans le West End. On compte officiellement une cinquantaine de théâtres, plus les clubs où triomphent des compagnies d'avant-garde dans le style du *Living Theatre* américain, et quelques scènes dans des quartiers excentriques comme l'Almeida, à Islington. L'Old Vic, théâtre national, est pratiquement le seul sur la rive sud. On y donne surtout Shakespeare, mais parfois aussi des productions étrangères, pièces ou comédies musicales comme la *Carmen Jones* d'après Bizet.

C'est une des grandes attractions du Londres contemporain que cette passion pour le théâtre, surtout depuis quelques années, et l'éclosion d'une brillante pléiade d'auteurs qui ont révolutionné la scène et apporté un sang nouveau au théâtre d'avant-guerre assez confiné dans la comédie bourgeoise à la Noel Coward : John Osborne (mort en 1995), Harold Pinter, John Arden et David Mercer, et Brendan Behan (mort en 1964), Brian Friel, Hugh Leonard (tous les trois irlandais). Leur chef de file était certainement John Osborne dont la pièce *Look back in anger* eut la chance pour son début d'être jouée au Royal Court Hall, l'une des trois scènes subventionnées de Londres avec l'Aldwych qui héberge la Royal Shakespeare Company, et l'Old Vic, la National Theatre Company. Pour s'assurer d'une place dans l'un de ces trois théâtres, il faut louer des semaines à l'avance.

Dans le meilleur des cas, après épuisement du spectacle à Londres, la troupe part jouer sa pièce à New York et Chicago. La politique britannique, longtemps indifférente, pour ne pas dire méfiante, semble avoir compris le retentissement et l'intérêt financier qu'avait en Occident cette explosion théâtrale. De larges subventions officielles s'ajoutent aux aides pri-

Le Flâneur de Londres

vées. Plus de quarante autres théâtres subsistent dans des conditions parfois difficiles, mais non sans honneur. Anouilh et Molière mis à part, on y joue peu d'auteurs français. Les acteurs, les metteurs en scène et les décorateurs appartiennent pour beaucoup au milieu du cinéma qui a déjà porté leur renom au-delà des frontières. De fréquentes grâces royales anoblissent les plus cotés d'entre eux : Ralph Richardson, Laurence Olivier, John Gielgud, Alec Guinness.

Les comédies musicales captivent un immense public : *Hair*, *Jesus Christ Super Star*, *Oh Calcutta*, *Evita*, *Cats*, *Le Fantôme de l'Opéra*, *Les Misérables*, *Sunset Boulevard* ont fait le tour du monde et le génie prolifique du compositeur Andrew Lloyd Webber court de succès en succès. Les cours dramatiques sont un réservoir, semble-t-il inépuisable, de comédiens pliés à toutes les disciplines : jeu, danse, chant. Ajoutons que, dans le budget d'un Londonien moyen, les places de théâtre, de concert (à l'Albert Hall) et d'opéra figurent presque toujours une fois par semaine malgré le succès de la télévision et les excellents programmes de la B.B.C. En 1994, on a compté onze millions de spectateurs à Londres et soixante-trois créations. Pour divertir les spectateurs alignés en file d'attente sur le trottoir, des comédiens au chômage, des clowns, des acrobates, des prestidigitateurs se donnent en spectacle sur la chaussée et font la quête. Ce sont les *buskers*, dont la tradition remonte aux temps élisabéthains.

Le temple de la musique lyrique reste Covent Garden, profondément rénové depuis quelques années. Les programmes y sont d'une étonnante diversité au contraire de ceux des salles parisiennes freinées par les grèves, l'amateurisme et une trop lourde administration. Covent Garden apporte sans cesse de nouvelles mises en scène, de nouveaux chanteurs qui s'attaquent non seulement au répertoire, mais à des créations de compositeurs contemporains, Benjamin Britten, Michael Tippett, et d'autres qui n'ont pas duré. Covent Garden est, depuis deux cents ans, au cœur de la vie londonienne. Seul, en exil, mal nourri, à peine blanchi, Chateaubriand se contentait d'assister au spectacle depuis le parterre : « Le parterre était turbulent et grossier ; des matelots buvaient de la bière, mangeaient des oranges, apostrophaient les loges. » Plus

... des comédiens au chômage, des clowns, des acrobates, des prestidigitateurs se donnent en spectacle sur la chaussée et font la quête.

tard, revenu à Londres comme ambassadeur de Louis XVIII, Chateaubriand se promenait dans les couloirs, rencontrait le roi, George IV, qui le prenait familièrement par le bras et l'emmenait dans sa loge.

Le marché qui donnait son nom au théâtre a été, comme les Halles à Rungis, repoussé en banlieue. Restent quelques fleuristes et bouquinistes. Le public est fervent et recueilli. Personne ne doit non plus manquer le Saddler's Wells Ballet dans son temple d'Islington. C'est à propos du théâtre et de la musique, domaines où la jeunesse londonienne a secoué les cocotiers, que l'on a pu parler d'une *gay revolution*, d'une libération des vieux tabous et de la mort de la censure politique qui faisait interdire sur scène la *Salomé* d'Oscar Wilde ou en librairie l'*Ulysse* de James Joyce. Toute une génération en profite avec d'autant plus de frénésie qu'elle sait que, dans l'histoire de Londres, maintes fois la réaction puritaine a réussi à éteindre les feux de joie, comme ce fut le cas après la splendide époque élisabéthaine.

Le grand incendie de 1666 n'avait laissé qu'un tas de cendres du Royal Exchange. Rebâti, il brûla de nouveau en 1838. Celui que l'on contemple aujourd'hui date de 1842. Il faut le préciser, car sa façade – un portique à colonnes corinthiennes – appartient à une fausse antiquité de tous les temps. Sur le fronton est inscrite une pensée qui rassemble en quelques mots l'esprit de la Cité : « La terre est à Dieu, et aussi sa richesse. » C'est au nom de Dieu que la Cité administre sa richesse, la palpe, la change de main, l'augmente et perçoit, au passage, son pourcentage.

En échange de ce privilège, elle a bâti et embelli Saint-Paul, siège de l'évêché de Londres, sur l'emplacement du vieux Saint-Paul détruit par le cataclysme. Il est dommage que l'on manque de vrai recul pour apprécier la taille de la cathédrale. Déjà, en 1817, Stendhal notait :

Michel Déon

« On la voit très bien, seulement l'espace est trop petit, elle est enterrée dans les maisons. » Commencée en 1675, elle ne fut achevée qu'en 1710. Elle est l'œuvre majeure de sir Christopher Wren, encore qu'elle soit une imitation du style Renaissance et flanquée de deux tours baroques. Son immense taille (cent soixante-dix mètres de long, soixante-dix mètres de large et trente et un mètres de hauteur sous la nef) en fait la plus spacieuse des églises anglicanes.

L'épaisseur de ses murs donne à l'intérieur une pieuse impression de silence et de recueillement qui contraste avec l'agitation diurne des rues avoisinantes. Le dôme est un chef-d'œuvre architectural. On l'égale à celui de Saint-Pierre de Rome (Michel-Ange) et à celui de Sainte-Marie-des-Fleurs à Florence (Brunelleschi), ce qui est certainement exagéré. La seule certitude est que, sans montrer d'originalité particulière, Wren fut un génial imitateur inspiré par l'idée que la Cité se devait d'ériger la cathédrale des cathédrales, au Royaume-Uni du moins. L'intérieur, beaucoup plus sobre que celui de Westminster, ne contient guère d'œuvres remarquables. Les vitraux ont été détruits

Déjà, en 1817, Stendhal notait : « On la voit très bien, seulement, l'espace est trop petit, elle est enterrée dans les maisons. » (Cathédrale Saint-Paul.)

pendant les premiers bombardements de 1940, qui endommagèrent l'autel et le transept. Tout le quartier à l'entour brûla comme en 1666, mais la cathédrale fut sauvée du désastre complet par une équipe de volontaires qui demeura sur pied jusqu'à la dernière alerte. Les reconstructions avoisinantes ont eu le bon goût de laisser un peu plus de champ à Saint-Paul, dont la masse imposante d'un beau brun doré – en pierre de Portland – domine le monde des affaires et ces curieux temples babyloniens que sont les banques.

Christopher Wren est également l'architecte de Saint Stephen Walbrook près de Mansion House, résidence officielle du lord-maire de Londres. On goûtera encore, dans la Cité, Saint Bartholomew the Great, beau spécimen d'art roman dans ses parties anciennes qui datent du XIIe siècle, la plus ancienne église de Londres après la chapelle Saint-Jean dans la Tour. Le chœur est du plus pur style roman.

Dans son hautain particularisme, la Cité, soucieuse de se distinguer du pouvoir politique, avait éloigné d'elle le Parlement qui est installé dans le village de Westminster où résidait le roi.

Le Flâneur de Londres

En revanche, elle gardait près d'elle la Justice :
la Central Criminal Court, plus connue sous le
nom d'Old Bailey, et les Royal Courts of Justice.
Les juges de la County Court portent robe noire
et surtout frangé de mauve. Les juges de la division de la Reine se vêtent d'une robe rouge frangée d'hermine. Ils sont en bas noirs et souliers à
boucles, une paire de gants blancs à la main.
Les juges les plus hauts placés dans la hiérar-
chie arborent la cape noire brodée d'or des pages en habit. Dans un décor immuable, la justice
s'y rend en perruque. Les jeunes avocats n'ont
pas toujours la perruque bien droite sur la tête,
mais la courtoisie, le respect à l'égard des ma-
gistrats n'ont pas varié d'un pouce. C'est peut-
être devant les tribunaux que l'on goûtera le
mieux l'humour londonien, du moins lors du
règlement des délits mineurs. Du président aux
assesseurs et aux avocats, on fait assaut d'un esprit feutré qui passe le plus souvent au-dessus
de la tête des accusés. En cas de délit mineur —
excès de vitesse ou d'alcool, vols dans les magasins —, le prévenu libre a intérêt à n'être pas présent. Il souffrirait plus d'être la cible des traits
galamment échangés sur son compte que de la

lourde amende qui lui sera infligée sur le ton de la plaisanterie.

Les Royal Courts of Justice siègent à Fleet Street, dans d'impressionnants bâtiments néogothiques (1874) qui sont le péché mignon et attardé du Londres victorien. La salle des pas perdus est majestueuse et glaciale, mais les tribunaux aux murs boisés, confortables, avec leurs rayonnages garnis de vieux livres de jurisprudence, ont un côté familial qui inspirerait plutôt confiance si de nombreuses erreurs judiciaires n'avaient pas ces dernières années gravement entaché la réputation de la Justice de Sa Majesté, comme ce fut le cas des quatre Irlandais (les Guilford Four) emprisonnés onze ans et finalement, après révision du procès, acquittés faute de preuves !

Signalons que, depuis quelques années, la peine capitale a été abolie et que l'homosexualité n'est plus un délit, sauf dans les forces armées. Ces réformes ne sont pas du goût de tout le monde, et il ne se passe guère de jours sans qu'une minorité sporadique ne réclame le retour à la bonne vieille et sûre méthode de la pendaison. Les plus acharnées sont les femmes des

Le Flâneur de Londres

policiers qui, eux, doivent maintenir l'ordre avec la seule aide de leurs mains et de leur persuasion, ce qui devient de plus en plus difficile dans une capitale où l'on comptait cinq cent quatre-vingt-quatre mille délits en 1979 et huit cent trente-quatre mille en 1990. La progression est vertigineuse.

Longtemps, la police et la pègre ont vécu un *statu quo*. On ne tirait pas sur les *bobbies* et les inspecteurs en civil, et ceux-ci n'usaient pas du passage à tabac. La montée du chômage, le marché noir de la drogue, la violence propre au caractère anglais ont brisé le *statu quo*, et de nombreux policiers tombent tous les ans sous les coups des malfaiteurs, soulevant de récurrents débats sur la nécessité d'armer les forces de l'ordre et de doter les citoyens britanniques d'une carte d'identité. Pas à pas, les partisans d'une police seulement protégée par son uniforme perdent du terrain, surtout dans des quartiers comme Hackney ou Haringey à peu près incontrôlables...

Si la Cité s'est toujours orgueilleusement défendue d'influencer le pouvoir politique en l'exilant à Westminster, le pouvoir s'est aussi félicité

Michel Déon

de n'avoir pas à subir la pression de la Cité. Westminster n'est plus un village marécageux et malsain.

La Tamise, dont Verlaine disait qu'elle avait l'air « d'un gigantesque gogueneau ambulant », a été endiguée par des quais et ses rives sont bordées de docks et de jardins. Des *water-buses*, équivalents des bateaux-mouches parisiens, la descendent ou la remontent jusqu'à Richmond, passant sous les fenêtres du Parlement – autre exemple du néogothique que chérissait le XIXe siècle victorien – et de l'insolite campanile qui porte Big Ben. Malgré la patine, on ne s'y trompera pas : c'est du neuf ou relativement neuf puisque la construction commencée en 1840 s'acheva en 1888. Malheureusement le matériau employé – une pierre friable du Yorkshire – résiste mal au climat de Londres, et le Parlement est souvent recouvert d'échafaudages. Tel qu'il est, c'est un imposant ensemble, certainement peu pratique et, en tout cas, si sombre à l'intérieur qu'il y faut travailler à la lumière électrique. Les deux chambres siègent, pour les travaux parlementaires, dans la House of Lords et dans la House of Commons.

Le Flâneur de Londres

Les lords peuvent occuper plus de huit cents places sur leurs bancs garnis de cuir rouge, face au dais sous lequel se dressent le trône de la reine, celui (plus bas, à droite) du duc d'Edimbourg, celui (à gauche) du prince de Galles. Sous le trône préside le lord chancelier, assis dans une ottomane rembourrée de laine en provenance de Grande-Bretagne et du Commonwealth, souvenir du temps où la laine était la richesse première du pays. Derrière est placée la masse, symbole de son autorité.

Détruite par le feu en 1941, la House of Commons a été reconstruite dans sa forme première en 1950. Le cérémonial des séances reste conforme à une tradition que la montée du socialisme n'a pas modifiée. Trois partis s'affrontent, les *tories* ou conservateurs, les *whigs* qui ne veulent plus s'appeler que les travaillistes, et les démocrates libéraux, minorité qui doit se contenter, depuis des décennies, d'être un parti charnière. Les débats sont arbitrés par le *Speaker* qui dispose, comme à la Chambre des lords, d'une masse qu'il place devant lui à l'ouverture de la saison, et sous la table quand il ne s'agit que d'une commission. Il y a peu, un député,

123

Les juges de la division de la Reine se vêtent d'une robe rouge frangée d'hermine. Ils sont en bas noirs et souliers à boucles...

Le Flâneur de Londres

dans un mouvement de colère parce qu'on limitait son temps de parole, a jeté la masse par terre, l'endommageant sérieusement ! Blâmé, il a dû payer la réparation. Le fait est exceptionnel. D'ordinaire, malgré des échanges assez venimeux, la plus grande courtoisie règne entre parlementaires qui ne s'interpellent jamais qu'en se donnant de l'« honorable gentleman ». Depuis quelques années, la B.B.C. retransmet une partie des débats à l'heure des informations. Les règles de cette télédiffusion sont très strictes. La caméra a droit à une vue plongeante, et chaque intervention est transmise avec une image fixe de façon à ne paraître donner la préférence à aucun parti.

Le Parlement est dominé par un campanile néogothique où bat la grande cloche chère au cœur des Londoniens : Big Ben. Big Ben doit son nom à un boxeur célèbre du milieu du XIXe siècle, Benjamin Caunt, qui pesait plus de cent dix kilos et venait de livrer un combat de soixante rounds après lequel la populace l'avait surnommé Big Ben. Comme sir Benjamin Hall, rapporteur des travaux au Parlement, s'apprêtait à entamer un long discours au sujet de la cloche que l'on avait hissée en haut de la tour, un membre du Parlement cria : « Appelons-la Big Ben ! » Sir Benjamin, ses effets coupés, n'eut plus que la ressource d'entériner un surnom qui pouvait, par ricochet, lui valoir une certaine gloire. L'appellation couvre désormais aussi bien la tour et l'horloge que le carillon proprement dit, qui pèse plus de seize tonnes et fut fondu à Whitechapel.

Le mécanisme de l'horlogerie, dû à Edward John Dent, est d'une si grande précision que Big Ben est, depuis plus d'un siècle, le régulateur de la vie londonienne. C'est son heure que transmettent la radio et la télévision plusieurs fois par jour. Pendant la dernière guerre mondiale, la transmission de Big Ben devint le symbole de la résistance héroïque de Londres aux agressions aériennes. Il lui fallut cependant se taire quand les V1 et les V2 apparurent dans le ciel de Londres. Les Londoniens surent que la paix était enfin revenue quand ils purent de nouveau l'entendre en direct, chaque soir, avant le bulletin d'information.

Londres est une ville où il faut apprendre à se livrer au hasard. Son anarchie architecturale est pleine de surprises pour le promeneur, et il est probable qu'il en sera ainsi longtemps malgré les grands desseins des urbanistes.

Laissez-vous aller sur le quai de Chelsea, après avoir dépassé le Royal Hospital, découvrez dans le soir qui tombe et délaye des couleurs de pastel sur la Tamise un vrai tableau de Turner dont les nuances semblent infinies. C'est ce que De Chirico appelait « le Londres métaphysique ». Ici, tout est charme et douceur : petites maisons rouges ou blanches aux jardins de vieille dame débordant de fleurs, larges baies ouvertes pour le travail d'un artiste, ravissants portiques à colonnes, antiquaires débordant sur le trottoir, du moins quand le temps le permet, galeries de tableaux, libraires d'ancien où l'on peut encore dénicher sous une pile de livres

Michel Déon

poussiéreux une édition rare du XVIIIe ou du XIXe siècle, restaurants tamisés, cinémas d'avant-garde. Pénétrez un jour de vente chez Christie ou Sotheby, les deux grands rivaux, et vous verrez que Londres est devenu, depuis la guerre, le centre mondial du marché de l'art. Errez la nuit dans Belgrave Square ou Eaton Place, quartier élégant du South West, uniquement composé d'hôtels particuliers passés à la peinture blanche, avec de massives portes vert bronze ou rouge sang, ornées d'une variété inouïe de heurtoirs.

Faites-vous inviter dans un club, et peut-être trouverez-vous que rien n'y a changé depuis la partie de whist de Phileas Fogg : serveurs en habit, huissiers en redingote, public exclusivement mâle, sauf dans certains clubs le soir au dîner. Pénétrez dans l'université, derrière le British Museum, et rencontrez toutes les jeunesses du monde. Bedford Square et Russell Square ont les plus jolis balcons de fer forgé de Londres. Egarez-vous dans la foule de Carnaby Street et des rues adjacentes. Cette jeunesse donne le ton à la mode bohème sous le regard étonné de William Shakespeare juché dans une niche à laquelle personne ne prête attention. Des fripiers offrent

Le Flâneur de Londres

du neuf et de l'usagé sans que l'on puisse bien faire la différence. Tout est à la fois extravagant et bon marché, à l'image d'une génération qui envoie promener les vieilles conventions, se moque de la durée des choses et attend peu du lendemain.

Autour de Covent Garden, errez dans le marché aux fleurs et aux légumes, entrez chez les libraires d'ancien où un silence sépulcral accueille le chaland. Tombez par hasard, Doughty Street, sur la maison de Dickens admirablement conservée et restaurée, ou promenez-vous Baker Street dans l'espoir de rencontrer les fantômes de Sherlock Holmes et du docteur Watson. Passez devant les grands hôtels où les portiers en gibus, galonnés, chamarrés d'or, en gants blancs, ouvrent les portes des taxis et tendent la main le plus discrètement du monde. Collectionnez les uniformes des hommes chargés de tâches traditionnelles depuis les Tudor : le valet du Sheriff de la cour criminelle, le maître des péniches, de la corporation des ramasseurs de coquillages, le porteur du balai de la compagnie des marchands de vin, l'habit rose du portier de la Banque d'Angleterre, le costume

Michel Déon

Renaissance du protecteur des cygnes de Sa Majesté, sans oublier les princes du sang dans leurs uniformes de la marine, de l'armée de terre, de la Royal Air Force. Ce ne sont pas les moins décorés... Habituez votre oreille aux différents accents de Londres. Le cockney n'est pas le même partout et, à l'occasion, revoyez la délicieuse pièce de Bernard Shaw, *Pygmalion*, où le professeur Higgins est pris à son propre piège en apprenant à parler le « bon » anglais à une jeune marchande de fleurs. Si vous avez de la chance vous rencontrerez dans chaque quartier le roi et la reine des Perles, deux marchands des quatre-saisons. Leurs costumes sont cousus de boutons de nacre sur toute la surface. En principe, deux ou trois fois par an, ils quêtent dans leur secteur pour quelque bonne cause.

Les musées sont innombrables. Tout est présenté avec un goût parfait, fruit d'achats patients et pas toujours scrupuleux dans le monde entier : les métopes du temple grec de Bassae, le temple des Néréides, les frontons du Parthénon rapportés de son ambassade en Grèce par le généreux mais fort critiquable lord Elgin. Le British Museum offre huit millions de livres à la

Si vous avez de la chance vous rencontrerez dans chaque quartier
le roi et la reine des Perles, deux marchands des quatre-saisons...

curiosité des lecteurs. La National Gallery et la Tate Gallery ne cessent d'augmenter leurs collections. Le musée Courtauld, peu fréquenté, possède peut-être les plus beaux Cézanne et Renoir que l'on connaisse. Le Natural History Museum est passionnant. Le London Museum qui était installé dans le palais georgien de Kensington, en dessous des appartements aux boiseries de chêne de la reine Anne, a été transféré à Barbican. C'est à Kensington, dans une chambre conservée intacte, que Victoria apprit le 20 juin 1837 que, son oncle Guillaume IV étant mort sans héritier, elle commençait le règne qui allait être le plus long de l'histoire du Royaume-Uni. Des tableaux rappellent qu'avant de devenir une sévère matrone au nez en bec d'aigle rejoignant le double menton, portée, dit-on, sur le whisky, elle fut une fraîche jeune femme, rayonnante au côté d'un mari adoré auquel, après sa mort, elle éleva un monument surprenant de mauvais goût rococo : le mémorial du prince Albert dans Hyde Park. Assis sur un banc, le prince consort tient dans sa main le catalogue de la grande exposition de 1851 et, face à l'Albert Hall, compte l'arrivée des huit mille spectateurs et mille deux

Le Flâneur de Londres

cents participants aux chœurs et orchestres lors des grands soirs de concert avec le London Symphony Orchestra.

Entrez dans les pubs célébrés joyeusement par Jeffrey Bernard, le Blondin anglais, chroniqueur de *Spectator* — ils ont résisté aux éclairages au néon —, et entamez une de ces conversations qui commencent prudemment par des considérations sur le bon ou le mauvais temps, pour découvrir la mentalité des Londoniens : un mélange de réserve et de grande franchise. Certains pubs ont conservé un écran de verre dépoli qui sépare les dames du barman et leur assure un peu d'intimité. Cela dit, la clientèle est en grande majorité masculine, mais les mœurs évoluent...

Une quantité incroyable d'originaux ont de la liberté d'expression et d'opinion une idée quasi sacrée. Traversez Hyde Park à la fin de l'après-midi quand les promeneurs allongent le pas pour ne pas être hélés sous les frondaisons, et arrêtez-vous à Marble Arch pour écouter la bonne parole. Il y a toujours là un prophète juché sur un tabouret ou une caisse à savon, qui a quelque communication à faire de la première importance, illuminé, le regard blanc, guetté par

Il y a toujours un prophète juché sur un tabouret
ou une caisse à savon, qui a quelque communication à faire
de la première importance...

Le Flâneur de Londres

l'apoplexie ; ou un petit groupe de pasteurs qui protestent parce que Sa Majesté a reçu un dignitaire de l'Eglise romaine. Les prophètes de Marble Arch Corner abordent indifféremment tous les problèmes du monde : la faim, la paix, la bombe atomique et la venue du Rédempteur. L'enfer est promis à beaucoup, mais ils détiennent la solution.

La seule inquiétude — elle est de taille — vient de ce que cette ville, à juste titre si orgueilleuse de son passé, semble mal lutter contre le malaise économique et social, contre la clochardisation des chômeurs. Le spectacle qui déchire le voyageur à Calcutta ou au Caire, les mendiants, les hommes hâves et en guenilles, est maintenant monnaie courante à Londres, à cela près que le climat incite ces malheureux à se protéger dans des emballages en carton. Deux mondes coexistent : l'un n'ayant rien perdu de sa superbe ; l'autre au bord du désespoir.

Londres, avec tous ses problèmes, est un immense corps agité de passions, parcouru de frissons, coloré comme une ville coloniale, puissant et calme à la fois, une fourmilière où chacun trouve une occupation (ou une oisiveté) à son goût dans une sorte d'indifférence générale, une

... une fourmilière où chacun trouve une occupation (ou une oisiveté) à son goût dans une sorte d'indifférence générale...

Le Flâneur de Londres

ville qui n'a pas connu d'invasion depuis un millénaire, d'insurrection depuis la jacquerie de 1381 qu'un petit roi de treize ans, Richard II, calma en s'avançant seul à cheval parmi les émeutiers, protégé par sa seule grâce.

Comment oser dire que « Londres n'est plus dans Londres » quand on s'y est autant promené que je l'ai fait, aux aguets de sa vie furtive et secrète, tantôt perdu, tantôt retrouvé, surpris à chaque coin de rue par sa vivacité, son appétit de vivre ? J'y ai cherché des souvenirs que la guerre avait balayés, je m'en suis fait d'autres. Les mutations fatales de notre fin de siècle n'ont pas écorné mon plaisir d'être un voyeur impénitent à la recherche du passé comme du présent. Londres résiste aux attaques de l'âge. Il sait si bien se farder !

DU MÊME AUTEUR

Aux Editions Gallimard

Je ne veux jamais l'oublier, roman (Folio).

Un parfum de jasmin, nouvelles.

Les Poneys sauvages, roman *(Prix Interallié)*.

Un taxi mauve, roman *(Grand Prix du roman
de l'Académie française)*.

Le Jeune Homme vert, roman.

Thomas et l'infini, illustré par Etienne Delessert.

Les Vingt Ans du jeune homme vert, roman.

*Discours de réception de Michel Déon à l'Académie française
et réponse de Félicien Marceau.*

Un déjeuner de soleil, roman.

« Je vous écris d'Italie... », roman.

La Montée du soir, roman.

Ma vie n'est plus un roman, théâtre.

*Discours de réception de Jacques Laurent à l'Académie
française et réponse de Michel Déon.*

Un souvenir, roman.

Les Trompeuses Espérances, roman.

Louis XIV, par lui-même (Folio).

Le Prix de l'amour, nouvelles.

Ariane ou l'Oubli, théâtre.

Pages grecques, récits.

Parlons-en..., conversation avec Alice Déon.

Aux Editions de La Table Ronde

La Corrida, roman (Folio).

Les Gens de la nuit, roman (La Petite Vermillon).

Mégalonose, pamphlet.

Tout l'amour du monde, récits (Folio).

Mes arches de Noé, récits (Folio).

La Carotte et le bâton, roman (Folio).

Je me suis beaucoup promené..., miscellanées.

Une longue amitié, lettres, Michel Déon et André Fraigneau.

Aux Editions Fasquelle
Lettre à un jeune Rastignac, libelle.
Fleur de colchique, eaux-fortes de Jean-Paul Vroom.

Aux Editions Fayard
*Discours de réception de Mme Hélène Carrère d'Encausse
à l'Académie française et réponse de Michel Déon.*

A La Librairie Nicaise
Histoire de Minnie, eaux-fortes de Baltazar.
Balinbadour, eaux-fortes de Willy Mucha.
Le Barbare au paradis, eaux-fortes de Baltazar.

Aux Editions Cristiani
Ouest-Est, illustré par Jean Cortot.

Aux Editions Matarasso
Turbulence, eaux-fortes de Baltazar.
Univers labyrinthique, illustré par B. Dorny.
Hu-tu-fu, eaux-fortes de Baltazar.

Aux Editions La Palatine
Une jeune parque, eaux-fortes de Mathieux-Marie.

Chez Alain Piroir
Songes, eaux-fortes de Baltazar.

Chez André Biren
Lettre ouverte à Zeus, eaux-fortes de Fassianos.
G., illustré par George Ball.

A l'Imprimerie nationale
Dernières nouvelles de Socrate, eaux-fortes de Jean Cortot.

Aux Presses typographiques
De Nazaré..., bois gravés de George Ball.

Crédits photographiques

Collection Viollet 50 ; Hulton Deutsch Collection 21, 68, 79, 92, 117 ; Hulton Deutsch Collection/Eason 36 ; Rapho/Bertinetti 134 ; Rapho/Edipac 44 ; Rapho/Kuhn 98 ; Rapho/Le Diascorn 124, 131 ; Rapho/Manceau 11 ; Rapho/Network 33 ; Rapho/Network/Ruef 136 ; Rapho/Silvester 15 ; Rapho/Testut 104, 113 ; Roger-Viollet 55, 61.

Réalisation

Impression-finition
Jean Lamour
Achevé d'imprimer en août 1995
N° d'éditeur : 36299
Dépôt légal : octobre 1995
Imprimé en France

ISBN 2-221-08147-1